KB036405

산척, 조선의 사냥꾼

* 한자는 특별히 이해를 돕기 위한 경우 말고는, 처음 나올 때만 병기하였습니다.
* 연월일은 음력 표기를 원칙으로 하되, 독자의 이해를 돕기 위해 음력과 양력을 병기하거나
  부득이하게 양력으로 표기할 경우는 양력이라 표시하였습니다.

山尺

산척,

호랑이와 외적으로부터 백성을 구한 잊힌 영웅들

조선의
사냥꾼

이희근 지음

따비

차
례
/

서문 /

그 많던 직업사냥꾼과 호랑이는

왜 흔적도 없이 사라져버렸는가

　　오늘날 한국인에게 조선시대 사냥방식 중 하나를 꼽으라면 대개 매사냥을 들 것이다. 아마도 매사냥이 다큐 프로그램의 단골 소재이기 때문일 테다. 이런 현상은 한국인에게는 조선시대 직업사냥꾼인 산척山尺과 그 후예인 산행포수山行砲手가 사실상 잊힌 존재가 되었다는 방증이기도 하다.

　조선시대 매사냥은 일부 특권층의 전유물에 불과했다. 대한제국 시절 고종의 고문을 지낸 샌즈William. F. Sands 는 "매사냥을 즐기려면 너무나 많은 비용을 지불해야 한다."라고 단언했다. 고문을 지내던 당시 자신 역시 "조선 관리들의 권유로 얼마 동안 매사냥을 해보았지만 계속하기는 무리였다."라고 회고하고 있다. 그 이유로 "매사냥을 하려면 값비싼 매사냥꾼 두 명을 고용해야 하고 사냥감을 찾는 개 몰이꾼이 필요하다."라며 과도한 비용 문제를 들었다. 그러면서 그는 "매는 사냥꾼의 훈련을 받으면서 수많은 병을 갖게 된다. 만약 당신이 이 고상한 사냥을 즐기려면 매사냥꾼이 매의 상태에 관해 얘기할 때 절대로 말없이 그의 말을 믿어야 하며 그가 귀한 약값이나 치료를 요구할 때면 군말 없이 돈을

지불하는 것이 사냥의 예이다."라고 충고하고 있다.[1]

주한미국공사관 공사 출신으로 임금의 고문인 고위직에 있던 샌즈조차 비용이 부담스러워서 계속하지 못했을 정도였으니, 매사냥은 일부 권력자의 고상한 놀이였다고 단정해도 무방하겠다. 이러니 매사냥이 선조들의 전형적인 사냥방식이 될 수는 결코 없다. 그런데도 매사냥이 대표적인 전통 사냥방식으로 간주되고 있는 현실은, 멀리 소급할 필요도 없이 조선시대 사냥꾼의 존재나 그들의 사냥방식이 한국인의 기억에서 사라져버렸기 때문이다.

매사냥

그 까닭은 무엇일까? 결론적으로 말해, 일제가 1907년 9월에 공포한 '총포화약류단속법銃砲火藥類團束法' 때문이다. 이 법안은 민중의 무장투쟁을 약화시키려고 만든 것이었다. 그런데 여기에 아이러니가 있다. 이전의 의병운동은 임금 고종의 명령을 받든 대한제국의 군대가 전면에 나서서 탄압했으니 '동족상잔'의 범주에서 크게 벗어나지 못하였다. 1907년 8월 대한제국의 군대가 해산당한 뒤에야 비로소 일제의 군경軍警이 탄압의 주체로 등장하면서 항일운동으로서의 성격이 선명하게 드러난 것이다. 그리고 그 주체가 바로 직업사냥꾼인 산행포수들이었다.

/ 문헌자료 속에만 존재하는 조선 사냥꾼

　사실 대한제국 군대 해산 전부터 의병 부대의 주력은 포수들이었다. 이 시기의 문헌은 흔히 포수를 '포군砲軍'으로 표기하고 있다. 당시 참가인원만 수천 명에 이를 정도로 큰 규모를 이루어 장기간에 걸쳐 치열한 전투를 벌였던 '제천의병'의 구성원을 살펴보면 이런 사실을 확인할 수 있다. 유인석柳麟錫을 총대장으로 추대한 제천의병은 제천을 근거지를 삼아 중부지역 일대를 석권하면서 친일파 지방관 등을 처단하여 기세를 크게 떨쳤다.
　이런 유인석 부대의 주력이 바로 포수들이었다. 제천의병의 포군은 봉기 초기에는 선봉장 김백선金伯善 휘하의 경기도 지평砥平 포군 100여 명으로 시작하여 충주성 공격 직전에는 1,000명 이상으로 늘어났다.[2] 유인석 부대는 1896년 2월 17일 충주성을 점령하고 충주관찰사 김규식金奎軾을 처형하였다. 이어 천안군수 김병숙金炳肅, 평창군수 엄문환嚴文煥 등 친일파 관리들을 처단하였다. 이렇게 해서 제천의병은 제천, 충주, 강원도 원주 등지를 중심하는 한 중부지역을 장악하여 당시 항일의병 부대 중 최대 세력이 되었다.

유인석 부대 말고도 항일의병운동 시작 단계부터 의병의 주력은 산행포수였다. 일제가 한국군을 해산시킨 뒤 곧바로 '총포화약류단속법'을 공포한 것 역시, 의병의 핵심 전력이 될 가능성이 큰 포수의 의병 참여를 원천 봉쇄하기 위한 조치였다. 그러나 '단속법'은 오히려 생계수단을 잃게 된 포수들이 대거 의병활동에 참여한 계기가 되었다. 해산당한 군인 상당수는 무기와 탄환을 탈취하여 의병대열에 합류해서 의병운동은 전국적으로 확대되었다. 전투력 역시 더욱 강화되었다. 이때 홍범도洪範圖를 비롯한 평민 출신 의병장이 대거 등장하였다. 1908년 10월부터 1909년에 이르는 시기의 전국 의병장 430명에 대한 일제의 한 조사 자료에 따르면, 직업과 신분이 분명한 의병장 및 부장部將이 255명이었다. 이 중 장교(7명)와 군수·면장(6명)을 유생·양반에 포함해도 양반 출신 의병장은 77명으로 전체의 30퍼센트에 불과했으

며, 평민 의병장은 무려 70퍼센트에 이르렀다.[3]

1907년 9월 3일 '총포화약류단속법'이 시행된 뒤 11월까지 한
국인 소유 무기 9만 9,747점, 화약 및 탄약류 36만 4,377근이 압
수되었다. 압수당한 무기 가운데 9만 5,981점(73.6%)이 화승총이
나 칼·창류인 구식무기였다. 3,766점(26.4%)이 신식 소총 및 대·
소포인데, 그중 87%를 차지하는 3,144점이 함경도에서 압수되었
다는 사실이 주목을 끈다.[4]

홍범도 부대는 신식무기로 무장한 산행포수 중심으로 구성된
강력한 무장 부대였다. 평안도 양덕陽德 출신인 홍범도는 처가가
있는 함경도 갑산甲山으로 옮겼다고 한다. 당시 함경도에서 산행
포수 생활을 하던 홍범도는 북청군北靑君 안산사安山社에서 포수들
의 상호부조 조직인 포손대捕損隊의 책임자로 있었다. 그는 '총포
화약류단속법'이 공포된 두 달 뒤인 1907년 11월에 갑산 출신인
차도선車道善과 더불어 산행포수를 중심으로 의병 부대를 조직하
였다. 여기에다 그는 북청北靑진위대의 해산병까지 포섭하였다.[5]

홍범도 부대는 봉기 이후 함경도 북청의 후치령厚峙嶺을 중심으
로 갑산, 삼수三水, 혜산惠山, 장진長津 등지에서 유격전으로 일제의
군경을 연이어 격파하였다. 하지만 일본군과 잦은 전투로 홍범도
부대는 극도로 피로가 누적되어 있었고 전력소모도 심각해졌으
며, 특히 탄환 등 무기마저 제대로 확보하지 못했다. 그러자 홍범
도는 1908년 12월에 소수의 부하를 이끌고 간도間島로 건너갔다.

곧이어 그는 러시아 연해주로 가서 교포들에게 광복사상을 고취하며 국내와 연락, 애국지사 모집과 독립군 양성에 온 힘을 다하였다. 1919년 3·1운동이 일어나자 그는 간도에서 대한독립군大韓獨立軍을 창설하여 1920년 6월에 봉오동鳳梧洞전투, 같은 해 10월에는 김좌진金佐鎭 부대 등과 협력하여 청산리青山里전투에서 일본군을 대파하였다.

홍범도 휘하의 산행포수들처럼 의병활동 중 전사하거나 체포되었든, 아니면 일제의 '총포화약류단속법'에 순응하여 직업을 바꾸었든 간에, 생계수단인 총을 빼앗긴 포수들은 더 이상 사냥꾼으로서 생활을 유지하며 가족을 부양할 수 없었다.

이렇게 해서 조선 전기에 고을마다 수백 명씩이나 존재했던 산척, 조선 후기에는 병적부에 등록된 하삼도下三道. 충청도, 전라도, 경상도의 산행포수만 수천 명이나 되었던 직업사냥꾼은 흔적조차 남기지 않은 채 깡그리 사라져버렸다. 이어 그들은 한국인의 기억 속에서도 점차 잊혀갔다. 그 결과, 활이나 조총鳥銃*을 이용한 이들 사냥꾼의 사냥방식도 전승되지 못한 채 사라져버렸다. 다만 문헌자료 속에서 그들의 실체를 찾아볼 수 있지만, 그동안 한국학 연구자들마저도 조선시대 직업사냥꾼에 거의 관심을 두지 않

---

* 16세기 초에 개인 휴대무기로 만들어진 서양인의 화승총(火繩銃)을 가리킨다. 동아시아에서는 일본이 가장 먼저 받아들였다. 1543년 표류한 포르투갈 상인에게서 전수받았는데, 이어 명나라는 1563년에 포로로 잡힌 왜구로부터 화승총을 압수해서 제조하는 데 성공했다. 조선에서는 한참 뒤인 임진왜란 때부터 보급되기 시작한다.

포슈모양

기산(箕山) 김준근(金俊根)의 풍속화 모사복원품. 총포(銃砲)로 사냥하는 포수를 그린 그림. 한 명은 앞을 향해 장총(長銃)을 겨누고 있고, 다른 한 명은 탄환을 넣고 있다.

아 오늘날의 한국인에게는 잊힌 존재가 되어버렸다.

/ 호랑이의 멸종은 시장의 힘?

한국인은 오랜 시간 호랑이에 의한 인명 및 가축 피해인 호환虎患으로 고생해왔다. 그렇다면 언제부터 호랑이에 대한 공포에서 벗어나게 되었을까? 다시 말해, 한반도에서 호랑이가 멸종한 시기는 언제였을까? 한반도 호랑이에게 치명적인 타격을 입힌 시기는 일제 강점기였다. 그것은 일제가 벌인 '해수구제害獸驅除' 작전 때문이었다. 조선총독부는 '해로운 맹수'를 제거하여 제국의 신민臣民을 보호한다는 기치를 내걸고 경찰 등을 대대적으로 동원하여 맹수 사냥에 나섰다.

조선총독부가 1917년에 간행한《조선휘보朝鮮彙報》에서 '해수구제' 작전의 규모를 가늠해볼 수 있다. 1915년부터 일제는 무려 경찰과 헌병 3,321명, 공무원 85명, 사냥꾼 2,320명, 몰이꾼 9만 1,252명을 징발하였다. 이들의 사냥 일수를 합하면 4,220일이나 되었다. 다음 해에는 경찰과 헌병 3,226명, 공무원 107명, 사냥꾼 3,097명, 몰이꾼 4만 4,480명이 동원되었다. 사냥 일수는 자그만지 6,170일이나 되었다. 작전 결과, 1915년에 호랑이 11마리, 표범 41마리가 포획되었다. 다음 해에는 호랑이와 표범이 각각 13마리, 95마리나 죽음을 당했다. 구제 작전의 희생물은 범과 같은 맹수만이 아니었다. 이때 멧돼지와 사슴, 노루 따위도 대량 학살되었다. 1915년 1년 동안만 해도 멧돼지 1,162마리, 노루 6,175마리 등이 희생양이 되고 말았다.[6]

일제의 '해수구제' 작전 때 동원된 군경은 물론이고 사냥꾼 중 절대 다수는 일본인이었다. 조선인은 소수를 제외하고는 총기를 소지할 수 없었기 때문이다. 가령 조선총독부 발행 《통계연보》를 보면, 1916년 일본인 총기 소유자는 1만 5,970명인 반면에 조선인의 경우는 805명에 불과했다. 아마 몰이꾼으로 징발된 사람들은 거의 조선인이었을 것이다. 이처럼 대규모로 징발된 구제 작전 와중에 노루 등도 대량으로 총살되어서, 호랑이의 먹잇감이 되는 동물의 수도 크게 줄었다. 이 또한 호랑이 멸종의 간접적인 요인이 되었다.

1919년부터 1942년까지의 '해수구제' 작전 중 포획된 범의 수는 《통계연보》에서 확인할 수 있다. 1919년에 와서 호랑이 3마리와 표범 5마리로 줄어들었으며, 이듬해에도 각각 3마리와 9마리에 불과했다. 1921년 이후 몇 해 동안에는 약간 늘어났다. 1921년에는 9마리와 18마리, 1922년에 6마리와 18마리, 1923년에 10마리와 23마리였다. 그러다가 1924년부터 9년에 걸쳐 잡힌 호랑이는 2마리밖에 안 되었다. 그 뒤 1934년에 1마리, 1937년에 3마리, 1938년에 1마리, 1941년에 1마리뿐이었다.[7] 이 자료에서는 '해수구제의 포획 수'라고 표기하고 있어서 통상적인 수렵 기간에 잡힌 수가 포함되지 않을 수도 있다. 또한 무슨 이유인지 1939년부터 3년 동안 구제된 범 마릿수도 정리되어 있지 않다.

앞의 두 자료에 따르면, 1915년에 호랑이에게 죽음을 당한 사람은 8명, 1916년에는 3명이었다. 표범에게 희생된 사람은 각각 2명씩이었다. 통계자료가 없는 1917년과 1918년을 제외하면, 1919년부터 6년 동안 호랑이에게 14명, 표범에게는 28명이 목숨을 잃었다. 1924년부터 9년에 걸쳐서 호랑이에게 죽음을 당한 사람은 단 2명에 불과했다. 이어 1933년부터 1942년까지 10년 동안에는 호랑이에게 희생된 사람은 6명, 표범에게는 2명이었다. 연도별로 약간의 증감이 있지만, 시기가 늦어질수록 범에 의한 희생자는 줄어가는 추세에 있었다. 이런 통계에 따르면, 수십 년 동안에 걸친 일제의 '해수구제' 작전은 가시적인 성과를 거두었다고 평가할 만하다.

1924년 이후 호랑이의 먹잇감이 된 사람이 1년 동안 평균 한 명이 안 될 정도로 한반도의 호랑이는 급감했으며, 사실상 멸종에 이르렀다. 실제 이 기간 동안 한 해 평균 포획된 호랑이가 한 마리도 안 된다는 통계 역시 호랑이의 멸종 상황을 입증해주고 있다.

조선총독부는 많게는 연간 10만 명 이상을 동원하여 한반도 전역에서 '해수구제' 작전을 벌였다. 그 결과를 보면, 일제 초기에도 1년에 호랑이 10마리 정도를 포획하는 수준이었다. 그런데 이 상하지 않은가? 뒤에서 살펴보겠지만, 영조 재위 시절만 해도 심할 때에는 일개 도에서 1년 동안 100명 이상이 호랑이에게 죽었다든지, 사실상 조선의 마지막 국왕인 고종 때까지 지방 거주자는 물론이고 한양 사람들조차도 호랑이에게 변을 당할까 두려워 밤에는 여행은커녕 외출도 하지 못했다든지, 호환이 극심했다는데, 1년에 잡힌 호랑이 수 10마리는 너무 작다. 또, 개항 직전까지도 비록 산골의 경우이지만 밤에는 호랑이의 습격이 무서워 마을 사람들 모두가 가장 튼튼한 집에 모여 지냈다는 프랑스 출신인 리델Felix Clair Ridel* 신부의 증언[8]과도 배치된다.

조선 시대에 호랑이와 관련된 공식 통계 자료는 없다. 다만《조선왕조실록》과 같은 연대기들을 얼핏 살펴봐도, 1883년대(고종 20년) 이후부터는 이전에 비해 호환 관련 기록들이 현저하게 줄어든다. 이런 현상은 호랑이 개체 수가 그전에 비해 크게 감소했다는 증거가 아닐까. 앞으로 보겠지만, 실제 개항 직후 원산항에서만 1년에 거래되는 호랑이 가죽이 500장이나 되었다는 그리피스William Elliot Griffis[9]의 주장을 보면, 그만큼 호랑이도 잡혔으니 호랑이 개체 수가 이 무렵부터 크게 감소한 정황을 알 수 있다. 유독 원산에서 호랑이 가죽 거래량이 많았던 까닭은 함경도가 호

---

* 병인양요(1866년) 전후에 조선에서 선교활동을 한 프랑스 사제. 1878년에 5개월 동안 수감된 기록이《나의 서울 감옥 생활 1878》이라는 책으로 번역 출간되어 있다.

랑이의 주요한 서식지였기 때문이다. 이런 사정은 총독부 수렵과를 담당한 공무원인 요시다 유지로吉田雄次郎의 〈호랑이와 조선〉에서 확인할 수 있다. 여기에는 1919년부터 1924년까지 도별 호랑이 포획 수가 실려 있는데, 65마리 중 절반 이상인 40마리가 함경도에서 잡혔다.[10]

또한, 그리피스의 글이 알려주는 대로, 직업사냥꾼은 개항 직후 그전에 비해 훨씬 많은 호랑이를 사냥하여 시장에 공급하였다. 그것은 기존 국내 시장에 더해 일본, 러시아 등 외국으로 수출이 이루어져 호랑이 가죽 수요가 크게 증가하였기 때문으로 보인다. 이처럼 대폭 늘어난 물량을 확보하려고 함경도 포수들은 보다 효과적으로 호랑이를 사냥하기 위해 비록 고가일지라도 신식 소총을 구입해야 했다. 1907년 일제가 '총포화약류단속법'을 시행한 뒤 신식 소총의 절대 다수가 함경도에서 몰수된 사실은 이런 상황을 반영한다. 개항 이후 사냥꾼들은 이렇게 크게 늘어난 시장의 수요에 맞추려고 호랑이를 전보다 훨씬 많이 사냥하였다. 비록 원산이 호랑이의 주요 산지라고 해도 이곳의 1년 호랑이 가죽 거래량이 500장이었다면 엄청난 숫자이다. 설령 이 500장에 표범 가죽이 포함되었다고 해도 1919년부터 1924년까지 5년 동안에 호랑이 65마리가 포획되었다는 총독부 직원의 보고와 비교해 보아도 그러하다.

그만큼 한반도의 호랑이 개체 수도 급격하게 감소하였다. 뒤에

서 살펴보겠지만, 어쨌든 당국이 호랑이 사냥 전문 부대까지 창
설하여 호랑이 포획작전을 지속적으로 벌였어도, 조선 왕조 말기
까지도 이어진 호환 문제는 결국 시장의 힘에 의해 해소되었다고
해도 크게 문제가 될 것 같지는 않다. 신식이든 구식이든 소총으
로 무장한 사냥꾼들의 시장 수요에 따른 이런 남획 때문에 급감
중에 있던 호랑이는 일제 때 조선총독부의 '해수구제' 작전으로
결정적인 타격을 받고 난 뒤 사실상 한반도에서는 그 자취를 감
추게 된다.

一. 조선의 직업사냥꾼, 산척

산척은 사냥을 생계수단으로 삼았던 만큼
출중한 무예 실력을 보유하고 있었다.
무예 솜씨가 아주 뛰어나지 못하면 그들은 사냥을 하기는커녕
자신이 사냥감이 될 신세가 될 가능성이 컸다.
당시 한반도에는 현대인의 상상을 초월할 정도로
호랑이 같은 맹수가 많이 서식하고 있었기 때문이다.

조선시대에는 사냥을 생계수단으로 삼은 직업사냥꾼이 존재하였다. 바로 산척이다. 《조선왕조실록》의 "산 속에는 산척이라는 자들이 곳곳에서 활로써 하는 사냥으로 생활을 영위하고 있다."(《선조실록》, 선조 29년 12월 8일)라는 기록은, 산척이 직업사냥꾼을 일컫는 말임을 알려주고 있다. 또한, "산골 백성 중에 사냥으로 생업을 삼는 자가 몹시 많습니다."(《선조실록》, 선조 29년 2월 1일)라는 기록을 통해 그 산척의 수가 아주 많았다는 사실도 확인할 수 있다.

이렇게 조선시대에 직업사냥꾼인 산척이 존재했으며 그것도 꽤 많았는데도, 국립국어원에서 편찬한 《표준국어대사전》에 '산척'이라는 단어가 등재된 것은 불과 몇 년 전이다. 더구나 '산쟁이'와 같은 말로 "산속에 살면서 사냥하고 약초 캐는 일을 하는 사람"이라고 풀이하고 있는데, 이는 엉터리다! 조선시대에 약초를 채집하는 사람은 산척과는 별개의 부류였다. 그들은 약간藥干이다.[1] 조선시대 산척의 '척尺'은 '간干'과 더불어 농업과 관련 없는 직업에 종사하여 생계를 꾸려나간 사람을 일컫는 말이다. 일반적으로 '간'과 '척' 앞에는 생산물, 제조품 등이 붙는다.[2] 사냥꾼인 산척, 소금을 굽는 염간鹽干, 철을 생산하는 철간鐵干, 약초를 채집하는 약간 등이 그 대표적인 부류일 게다.

이렇듯 산척은 일반 독자는 물론이고 전문 연구자에게도 생소한 존재이다. 물론 그들에 관해 간단히 소개한 논문이 있기는 하다. 하지만 그 논문도 산척과 그 후예인 산행포수를 다룬 내용에 불과 5쪽 정도만 할애하고 있다.[3] 이러니 산척은 그저 낯선 존재가 아니라 아예 잊힌 존재라고 표현해야 맞을 것이다.

/ 호랑이 최대 서식지, 한반도

조선시대 전국 고을마다 무려 수백 명가량 존재하였던 산척은 사냥을 생계수단으로 삼았던 만큼 출중한 무예 실력을 보유하고 있었다. 무예 솜씨가 아주 뛰어나지 못하면 그들은 사냥을 하기는커녕 자신이 사냥감이 될 신세가 될 가능성이 컸다. 당시 한반도에는 현대인의 상상을 초월할 정도로 호랑이 같은 맹수가 많이 서식하고 있었기 때문이다.

원에서 호랑이 가죽을 직접 얻으려고 착호인捉虎人*을 보냈다

---

* 당시 호랑이잡이를 '착호(捉虎)' 혹은 '포호(捕虎)'라고 하였으며, 호랑이를 전문으로 잡는 군인을 착호인이라 불렀다.

는 기록은《고려사》에 두 차례 나온다. 1273년(원종 14년) 12월 원에서 착호인 9명을 파견하였다는 기록과 더불어, 1277년(충렬왕 3년) 착호사신捉虎使 등 일행 18명을 보냈다는 기록이 그것이다. 문헌자료상 두 차례 호랑이 사냥꾼을 파견했다고 기록됐다고 해서 딱 두 번만 보냈다고 단정할 수는 없다. 기록이 누락될 수도 있기 때문이다. 또한, 원과의 관계를 정상화한 뒤 고려는 호랑이 가죽을 원의 권력자들에게 자주 선물하였으니 원이 굳이 직접 파견할 필요도 없었다. 그런데도 고려시대 원 황실에서 호랑이 사냥꾼을 두 번이나 파견했을 정도로 한반도는 동아시아의 유명한 호랑이 사냥터였다.

구한말까지도 한반도에는 호랑이가 꽤 많이 서식하였다.《은자의 나라 한국Corea, the Hermit Nation》으로 한국인에게 널리 알려진 그리피스의 다음 글은 당시 상황을 잘 보여주고 있다.

일본인은 원산에 있는 그들의 수입상을 통해 이들을 사들이기를 좋아한다. 원산에서 1년간 거래되는 이 비싼 생가죽의 수확량은 평균 500장 정도이다.[4]

당시 일본에 체류하던 그리피스는 개항장 중 하나인 원산에서 활동하던 일본인의 목격담을 토대로, 매년 500장 안팎의 호랑이 가죽이 원산 시장에 공급되고 있다고 기록한 것이다. 원산에서만 호랑이 가죽이 이처럼 많이 거래될 정도로 한반도에는 호랑이 개체 수가 상당히 많았다. 일본 열도에는 범, 즉 호랑이와 표범이 서식하지 않아 당시 일본인들이 양자의 차이를 명확히 구별하지 못했을 수도 있기에, 그리피스가 일본인의 이런 부정확한 정보를 토대로 위 글을 작성했을 가능성이 있다. 설사 이 500장에 표범 가죽까지 포함되어 있다고 해도, 현재 지구상에 야생 시베리아 호랑이가 500마리에 불과하다는 점을 고려하면 엄청난 숫자이다.

이렇듯 우리의 상식을 초월할 만큼 호랑이가 많았으니, 그만큼 호랑이에 의한 인명 및 가축 피해, 즉 호환도 컸다. 그래서 당시 사람들에게는 밤에는 외출조차 하지 않는 것이 불문율이었다. 물론 이는 호환에 대한 공포 때문이었다. 이런 실정은 구한말 한반도를 방문한 적이 있는 외국인들의 기록에서도 종종 찾아볼 수 있다.

예컨대, 한국을 여러 차례 여행하였던 비숍Isabella Bird Bishop은 그의 여행기에서 "해가 저문 뒤에 여행하는 것은 한국의 습관에 위배된다. …… 호랑이와 귀신에 대한 공포 때문에 밤에는 거의 여행하지 않는다."[5]라고 적고 있다. 프랑스인 샤이롱 베Chaille-Long Bay도 "밤의 외출은 길가에 있는 더러운 개울에 빠질 염려도 있지만, 그보다 기아에 못 이겨 특히 겨울철에 마을의 중심지까지 들어오는 표범 또는 호랑이까지도 만날 위험이 있는 것이다."[6]라고 기록하고 있다. 호환의 두려움 때문에 조선 사람은 밤에는 여행은 물론, 심지어 이웃집 방문마저도 하지 못할 정도였다는 것이다.

조선 왕조는 건국 초기부터 호환으로 골머리를 앓았다.[7] 왕조 개창 직후인 1402년(태종 2년), 경상도에서만 호랑이에게 피해를 당해 죽은 사람이 무려 수백 명에 달했다.

> 충청·경상·전라도 경차관敬差官*인 대호군大護軍 김계지金繼志가 복명復命**하여 아뢰기를, "경상도에 호랑이가 많아, 지난해 겨울부터 금년 봄에 이르기까지 호랑이에게 죽은 사람이 수백 명입니다. 해안 고을이 더욱 많아 사람들이 길을 제대로 갈 수 없는데, 하물며 밭을 갈고 김을 맬 수 있겠습니까?"라고 하였다(《태종실록》, 태종 2년 5월 3일).

경차관 김계지의 보고가 극적으로 알려주고 있는 대로, 일개 도에서만 호랑이에게 물려 죽은 자가 수백 명이나 되었다. 그것도 불과 반 년 사이에 말이다. 사람들이 밭을 갈고 김을 맬 수조차도 없었다는 사실은 생계에 위협이 될 정도로 호환이 심했다는 뜻이다.

---

* 조선시대 중앙정부의 필요에 따라 특수 임무를 띠고 지방에 파견된 임시 벼슬아치.
** 명령을 받고 임무를 처리한 사람이 그 결과를 보고하는 일.

당시 경상도 해안 지역에서 호랑이 피해가 유독 심했던 원인은 왜구 침입의 후유증이었다. 고려 말부터 본격화된 왜구 침입은 경상도를 비롯한 삼남 연해沿海 지역에 큰 타격을 입혔다. 왜구 침입 때문에 주민이 내륙 지방으로 이주해 무인지경無人之境이 된 해안 지역에 산림이 울창해져 호랑이의 서식지가 되었다. 그러다가 태종 때 왜구 침략이 잠잠해지자 내륙 지방으로 피난 갔던 주민이 돌아오면서 호랑이의 먹잇감이 되어 피해자가 크게 늘어났다. 그 이유가 경제 파탄이든 전쟁이든, 인간이 줄면 야생동물이 늘어나는 게 자연의 법칙이다. 사람들이 야생의 세계가 된 지역으로 다시 진입하자 최상위 포식자의 반격을 받게 된 것이다.

조선시대에는 해안 지역뿐 아니라 전국 곳곳에서 호환은 사람들에게 치명적이었다. 지방에 비해 상대적으로 치안 상태가 양호했던 도성 주변 고을의 주민도 호환으로부터 자유롭지 못했다. "요즈음 경기 고을畿縣에 악수惡獸가 성행盛行하여 사람과 가축을 상해傷害하는 일이 매우 많다고 한다."(《성종실록》, 성종 7년 11월 19일)라는 성종의 지적은 호환이 서울 인접 고을들에서도 자주 발생한 당시 상황을 알려주고 있다. 《조선왕조실록》 등 공식 문서에 나오는 '악수' 혹은 '악호惡虎'는 사람이나 가축에 상해를 입히는 범, 즉 호랑이 및 표범을 가리킨다.

이렇게 도성에 인접한 경기도의 고을에서도 호랑이로 인한 사람 및 가축 피해가 빈발했다. 경기도에서 발생한 호환에 대한 구체적인 정보가 있다. 예컨대 "양주楊州·양근楊根 등지에는 사나운 범이 멋대로 쏘다녀, 두세 달 동안 30여 명이 물려 죽었다고 한다. 나라에서는 비록 한 사람이 비명에 죽어도 애석하게 여기는데 하물며 30여 명은 어땠겠는가?"(《명종실록》, 명종 9년 8월 14일)라는 기록이 그 단적인 사례일 테다. 이처럼 양주 등지에서 불과 두세 달 만에 30여 명이 죽음을 당할 정도로 경기도에서도 호랑이에 의한 인명 희생은 현대인의 상식을 초월했던 것이다.

호랑이는 도성 안에 거주하던 사람에게도 특혜를 베풀지 않았다. 가령 "겸사복兼司僕* 조천손趙千孫이 인왕산仁王山에서 표범을 잡아 바쳤다."(《중종실록》, 중종 30년 11월 8일)라는 기록이 암시하듯이, 도성 내 주민도 언제든지 표범에게 당할 수 있었다. "호랑이가 도성 안에 들어와 전일 쫓으라고 명하셨을 때 장수가 삼가 잡지 못해 지금까지도 밤이면 산 밑에 사는 사람들이 출입하지 못한다."(《중종실록》, 중종 19년 11월 10일)라는 기록을 보면, 표범만이 아니라 호랑이 또한 도성 안에 나타났다. 상황이 이러했으니, 도성 주민도 언제든지 호랑이의 표적이 될 수 있었다. 결국, 사헌부司憲府는 신속히 호랑이를 잡지 못한 책임을 물어 그 지휘관을 처

---

* 주로 국왕의 신변 보호와 왕궁 호위 등의 임무를 맡았던 금위(禁衛) 군사로, 정3품까지 진급할 수 있었다.

벌하자고 나섰다.

"호랑이가 청량동淸凉洞. 지금의 청량리에서 사람을 해쳤다."(《예종실록》, 예종 1년 4월 16일)라는 기록이 증명하는 대로, 도성 안조차 안전지대가 아니었으니 당연히 도성 주변 역시 호랑이에 의한 인명 희생이 발생하고는 했다. 또 하나의 사례로는 "신은 동대문 밖에 삽니다. 지난달 그믐날 호랑이가 마을에 들어와 이장곤李長坤의 집이 있는 동네에서 개를 살상하였는데, 오늘도 호랑이가 조산造山에 들어와 풀 베는 사람을 상해하고 수도교水渡橋 길가 울밀한 잔솔밭으로 들어가는 것을 보았기에 아뢰옵니다."(《중종실록》, 중종 17년 8월 15일)라는 역양부수櫟陽副守 이존의李存義의 보고를 들 수 있다.

이렇게 왕조 초기부터, 그나마 치안 상태가 가장 양호한 도성 주민마저도 호환으로부터는 자유롭지 못했다. 호환에 따른 인명 살상이 때와 장소를 가리지 않고 발생했는데, 조선 중기의 문신인 유몽인柳夢寅의 《호정문虎穽文》은 이런 상황을 상징적으로 보여준다.

행상行商 중에는 짐을 이고 지고 날이 저문지도 모르고 먼 길에 바삐 지름길로 가다가 해를 입은 자가 있었다. 초동樵童 가운데 깊고 울창한 곳에서 나무하고 꼴을 먹이다가 피해를 당하는 자도 있다. 새벽부터 밤까지 조세를 운반하거나 부역에 나갔다가 해를 입는 자가 있다. 아침저녁을 준비하기 위해 산에서 나물 캐거나 물가에서 낚시질하다가 피해를 당하는 자도 있다. 밭 갈고 김을 매다가 해를 입었으며, 물을 긷다가 피해를 당하기도 했다.[8]

이처럼 들판, 뒷산, 냇가, 심지어 마을의 우물가에서 호랑이에게 죽음을 당하는 사람들이 생겨났다. 이렇게 사람들이 일상생활을 영위하는 모든 곳에서 호환이 발생했으니, 왕조의 위정자들로서는 입버릇처럼 되풀이한 민본주의를 구현하는 척이라도 하지 않을 수 없었다. 민본주의를 실현하는 데 백성을 위해 해를 제거하는 사안만큼 중요한 일은 없었다. 《조선왕조실록》 등 왕조의 공식 문헌들에서는 이것을 '위민제해 爲民除害' '제민해 除民害' 등으로 표기하고 있다.

흔히 해민 害民의 행위자로는 맹수, 도적, 부패한 관리, 해충 등이 지목되었다. 이런 공공의 적들 가운데 1호가 바로 맹수, 구체적으로 호랑이였다. 가령 "승정원 承政院에 전교하기를, '백성을 위해 해를 없애는 데는 호랑이 잡고 도둑 잡는 게 제일이니 포상해서 권장하여야 한다.'고 했다."(《명종실록》, 명종 18년 5월 26일)라는 명종의 전교傳敎. 국왕이 명령을 내림가 대변하고 있는 대로, 임금들 역시 호랑이 사냥을 위민제해 사안 가운데 1순위로 지목했다.

이렇게 호랑이잡이가 위민제해 가운데 가장 중요한 사안으로 여기질 정도로 호환은 조선시대 사람들에게 치명적이었다. 호환을 일으키는 호랑이는 '악호' 혹은 '악수'라 불릴 만큼 증오의 대상이었다. 한마디로 호랑이는 조선 사회의 '공공의 적 1호'였다.

/ 산척의 탄생

산척, 화척禾尺, 재인才人, 유기장柳器匠, 피장皮匠. 갖바치 등은, 하는 일에 따라 백정을 다르게 부르는 이름이었다. 뭐니 뭐니 해도 백정의 직업 가운데 대표적인 직종은 도축업이었다. 1950년대까지만 해도 백정 하면 푸줏간을 떠올릴 정도로, 도축업자는 백정의 대명사 격이었다. "재인과 화척은 이곳저곳으로 떠돌아다니면서 농업을 일삼지 않으므로 …… 소와 말을 도살屠殺한다."(《태조실록》, 태조 1년 9월 24일)라는 기록은 이런 사정을 잘 말해준다. 백정은 농사를 짓지 않아 한곳에 정착하지 않은 채 유랑하면서 마소馬牛를 도축하면서 살아간다는 것이다. 백정 중 짐승을 잡고 고기를 다루는 일, 곧 도축을 직업으로 삼은 부류를 도자屠者 내지 도한屠漢이라고 하였다. 우리말로는 도축꾼이다.

1423년(세종 5년) 10월, 그 호칭이 특별하고 직업이 비천해서 백성들이 다른 인종, 즉 별종으로 취급하고 어울리지 않는다고 파악한 조정은 재인과 화척을 백정으로 이름을 바꾸었다.

병조에서 보고하기를, "재인과 화척은 본시 양인良人으로서, 직업이 천하고 호칭이 특수하여, 백성들이 모두 별종으로 보고 그와 혼인하기를 부끄러워하니, 진실로 불쌍하고 민망합니다. 비옵건대, 칭호를 백정이라고 고치십시오."라고 하니, 임금이 그대로 따랐다 《세종실록》, 세종 5년 10월 8일).

백정은 고려시대만 해도 일반 백성 중 한 부류를 뜻했다. 고려 때에는 16~60세의 성인 남자丁男는 의무적으로 군역軍役이나 정역定役을 져야 했고, 이 군역·정역 부담자들을 정호丁戶라고 불렀다. 반면, 노역勞役 및 부역賦役인 정역과 군역을 지지 않는 나머지 백성들을 백정白丁이라 하였다. 이들 백정 역시 완전히 면제의 혜택을 받는 것이 아니라, 관청이나 군대 등에 결원이 생기면 보충되는 자들이었다. 이래서 세종 때 조정에서는 사회적 차별을 받던 천민이 아닌 일반 백성을 뜻하는 백정으로 개명한 것이다.

그러나 1423년(세종 5년) 백정으로 개명된 뒤에도 여전히 《조선왕조실록》 등 왕조의 공식 문서에서는 주로 '재인', '백정'으로 표기하고 있으며, 간혹 '신新백정', '재才백정', '화禾백정' '양색兩色백정'(화척·재인 백정) 등으로 표현하기도 했다. 그 호칭이 무엇이든 백정으로 통칭된 같은 무리이다.

"화척이 궁벽한 땅에 둔취屯聚하여 살아서 농업을 일삼지 않고 도살하는 것으로 직업을 삼고 있습니다."(《태종실록》, 태종 11년 10월 17일)라는 사헌부의 보고에 따르면, 화척의 생계수단은 도축업이었다. 하지만 "화척과 재인들이 농업에는 종사하지 아니하고 활 쏘고 말 타는 것으로 일을 삼았다."(《세종실록》, 세종 2년 11월 7일)라는 기록을 보면, 화척이 도축업에만 종사한 건 아니었다. "활 쏘고 말 타는 것으로 일을 삼았다."라는 기록으로 보아, 화척 가운데는 사냥을 직업으로 삼은 부류도 있었던 모양이다.

'재인'이라 불린 부류는 글자 그대로 백정 가운데 춤과 노래, 악기 연주 등에 재능 있는 무리이다. 예능 자질이 뛰어난 이들 재인은 나례儺禮* 등 궁궐 행사에 초대받기도 했다. 예컨대 "금년에는 나례를 행하지 말라고 이미 명령했지만 예로부터 전해 내려오던 일을 매번 폐할 수 없으니, 다만 서울의 남녀 재인들을 빠뜨리지 말고 이름을 기록하여 아뢰라."(《명종실록》, 명종 16년 10월 14일)라는 명종의 지시를 통해 이를 알 수 있다. 흔히 궁궐의 나례 행사에는 전국의 재인을 소집하지만, 이 해(명종 16년)에는 자연재해로 서울의 재인만 차출한 것이다.

그런데 재인 역시 전적으로 공연만으로 생계를 유지한 것은 아니었다. 예컨대 "노루와 사슴을 경복궁 후원後園에서 길렀다. 광주목사廣州牧使에게 전지傳旨**하여 재인 장선張先으로 하여금 그 무

---

* 궁중에서 매년 음력 섣달 그믐날에 묵은해의 마귀와 사신(邪神)을 쫓아내려고 베풀던 의식으로, 흉년 등 자연재해가 심한 해에는 취소되기도 했다.

** 승정원의 담당 승지를 통하여 전달되는 국왕 명령서로, 승정원은 오늘날의 청와대 비서실에 해당한다.

리를 거느리고, 산 채로 잡아서 바치게 하라."(《태종실록》, 태종 16년 7월 3일)라는 기록이 말해주듯이, 재인은 사냥에도 능숙했다. 그래서 태종이 경복궁 후원에서 사육하려고 광주 출신 재인 장선과 그 무리에게 노루와 사슴을 생포해서 바치게 한 것이다.

구중궁궐의 국왕마저 재인의 사냥 솜씨를 알 정도로 그들은 들짐승을 잡는 데 나라 안에서 최고의 실력을 가지고 있었다. 그것은 사냥이 재인의 생계수단 중 하나였기 때문이다. 재인이 가끔 공연을 해주고 그 대가를 받아 생계에 보태기도 했지만 공연이 매일 있는 것은 아니었다. 그러니 공연이 없을 때의 생계수단도 있어야 했는데, 그중 하나가 바로 사냥이었다. "재인·백정들은 농업과 양잠을 일삼지 않고 사냥과 장사를 직업으로 하여 사방으로 떠돌아다니면서 그 호구책을 얻고 있다."(《성종실록》, 성종 6년 4월 12일)라는 기록이 알려주듯이, 농사짓지 않아 한곳에 정착하지 않은 채 이곳저곳 유랑하면서 장사하거나 사냥하면서 살아갔다.

사냥을 전문으로 하는 산척뿐 아니라 부업 삼아 하는 재인마저 사냥 실력이 이렇게 뛰어난 것에 대해, 조정은 백정이 북방 유목민의 후예라서 선천적으로 사냥꾼으로서의 자질을 타고났기 때문으로 보았다.

우리나라의 재인과 백정은 그 선조가 호종胡種입니다. 그래서 비단 말을 잘 타거나 활을 잘 쏠 뿐만 아니라 천성이 모두 사납고 용맹스러워 걸어 다니면서 짐승을 잡는 데 익숙하여 (사냥을) 예사로 여기며, 험한 곳을 넘나드는 것을 마치 평지를 다니는 것처럼 하여 굶주리고 추위에 떨어도 괴롭게 여기지 않으며, 바쁘게 다녀도 고달프게 여기지 않습니다. 만약 그들을 내보내어 선봉先鋒으로 삼는다면 한 사람이 일백 명을 당해낼 수 있을 것입니다(《성종실록》, 성종 22년 4월 23일).

성종 때 중신 김영유金永濡의 상소문에서 볼 수 있는 대로, 백정은 일당백의 용사가 될 만큼 최고의 무예 실력을 가지고 있었기에, 김영유는 사냥에 능한 백정들을 징집하여 전장에 투입하자고 건의한 것이다.

그 호칭이 무엇이든 백정은 호종, 즉 북방 유목인의 후예이다. 거란은 세 차례(993년, 1010년, 1018년)에 걸쳐 고려를 침략해왔다. 이 전쟁 기간 중에 고려인 및 거란인은 거란군과 고려군에 포로로 잡혀가거나 자발적으로 상대국으로 도망하는 경우가 빈번하게 일어났다. 실제 전쟁 중 투항하거나 포로로 잡힌 거란군만 해도 수만 명에 달했다. 한편, 원의 장기간에 걸친 고려 경략에 따라 몽골족이 한반도에 뿌리내렸다. 이처럼 고려 때에 와서 정착한 거란인 및 몽골인은 대부분 농경사회에 길들여지지 못한 채 그들 본래의 유목민족적 생활방식대로 살아갔다.[9]

아무튼 사냥꾼 자질을 타고난 백정 중에는 "하삼도 영진營鎭

소속과 각 고을의 산행山行으로 구실役이 면제된 신백정 등은 항상 수렵을 익혀서, 말도 잘 타고 걸음도 잘 걷는다."(《세종실록》, 세종 18년 윤6월 18일)라는 기록을 보면, 사냥만을 전문적으로 하는 부류도 점차 출현한 것으로 보인다.

산행은 "세속世俗에서는 수렵을 산행이라 말한다. 사냥으로 군사를 훈련하기 때문이다."(《문종실록》, 문종 1년 7월 26일)라는 기록이 알려주고 있는 대로, 바로 사냥의 속칭俗稱이었다. 그것은 산에서 사냥으로 군사들을 훈련시켰기 때문에 생긴 말이다. 산에 가는 행위, 곧 산행이 사냥하기 위해 가는 행위를 뜻하게 된 것이다.

결국, 백정 중 산행으로 군복무 등 국가에 대한 의무를 대신하는 부류는 지방관의 수렵에 계속 동원되면서 사냥 실력이 더욱 향상되었을 것이다. 이들 무리는 나중에 사냥만 전문적으로 하는 산척이 될 가능성이 컸을 테다. 이처럼 백정 중 늘 사냥만 하는 부류가 직업사냥꾼인 산척이 된다.

二.

산척의 본모습

병적부에 등록된 하삼도의 산행포수만 수천 명이나 되었으니,
미처 파악하지 못한 자를 합치고 나머지 5도의 산행포수까지 모두 포함하면
조선시대 전문사냥꾼의 규모가 어느 정도였는지 충분히 가늠할 수 있다.

앞에서 살펴본 대로, 한반도에 호랑이가 많았다는 것은 호랑이의 멋잇감이 되는 들짐승도 그만큼 넘쳐났다는 뜻이다. 산척은 이처럼 한반도에 많은 들짐승을 사냥하며 살아가는 직업인이었다. 《조선왕조실록》에는 고을마다 수백 명씩이나 산척이 있었다는 기록이 몇 차례 등장한다. 시기마다 차이는 있지만, 조선시대에 전국의 고을이 330여 곳이었으니 전체 산척의 수는 1만 명 정도는 되었을 것이다.

임진왜란 이후 직업사냥꾼 가운데 사냥도구로 조총을 사용하는 부류는 산행포수로 불리게 된다. 산행포수의 '산행'이 사냥, 곧 '수렵'을 뜻하는 단어로 굳어진 것은, 앞서 얘기했듯이 조선시대에 군사훈련을 위한 산행이 잦았기 때문이다. 군사훈련을 겸한 산행은 고려시대에도 시행되었다. "최우崔瑀가 가병도감家兵都監 마별초馬別抄를 사열하였다. …… 그것을 마치고 나면 전렵지법田獵之法을 익히기 위해 산을 에워싸고, 들에 늘어서서 이어지기가 끝이 없었다."(《고려사절요》 제15권, 고종 16년)라는 기록에서 볼 수 있듯이, 산과 들판을 에워쌀 정도로 대규모 군대를 동원하여 이들 군사의 훈련을 위해 사냥하는 법, 즉 전렵지법을 연습시키는 방식은 고려시대에도 있었다.

사실상 군사훈련이나 마찬가지인 이런 산행은 조선시대에 와서 정례화되었다. 그것은 강무제도講武制度의 정비와 관련이 있다.[1] 강무는 국왕과 지방관이 주관하는 군사훈련으로, 복무중인 군사를 총동원하여 시행하는 수렵대회였다. 태조 때 중앙에서는 사계절의 끝 달(음력 3, 6, 9, 12월), 지방에서는 봄가을의 끝 달(음력 3, 9월)에 시행하도록 강무의 정례화를 꾀했다. 그러다 태종 때에 이르러서 네 차례에서 봄, 가을, 겨울 세 차례로 줄었다. 이어 세종 때 봄, 가을 두 차례로 축소되었다. 지방에서는 대체로 관찰사와 절도사가 강무를 주관하였다.

국왕이 직접 참여하는 강무의 경우, 서울에서 근무하기 위해 전국에서 올라온 군사인 번상병番上兵을 모두 동원하였는데, 적게는 수천 명에서 많게는 수만 명이나 되었다. 일반적으로 몰이꾼이 산 혹은 산기슭의 사면을 에워싸고 북치고 나팔 불며 한곳으로 사냥감을 몰아오면 포획군이 활을 쏘거나 창으로 찔러 잡는 방식이었다. 보통 산 위에서 아래로 몰아갔지만, 산 아래에서 위로 몰아간 경우도 있었다.

이렇게 조선 왕조에 들어서 군사훈련인 강무가 산행 방식으로 정기적으로 이루어지다 보니 '산행'이 수렵狩獵을 뜻하는 단어가 된 것이다. 1527년에 편찬한 《훈몽자회訓蒙字會》*에서는 아예 狩

를 '산행 슈', 獵을 '산행할 렵'으로 새기고 있다. 이를 통해,《훈몽자회》가 편찬된 1527년 무렵에는 산행이 '수렵'을 뜻하는 단어로 굳어진 것을 볼 수 있다.

/ 목궁, 산척의 무기

조총 보급 이전의 사냥꾼은 어떤 도구를 사용했을까? 책 앞머리에 인용한 "산척은 활로써 하는 사냥으로 생활하는 자이다."라는 구절을 보면, 산척의 사냥도구는 바로 '활'이었음을 알 수 있다.

그런데 우리가 흔히 '활' 하면 생각할 수 있는 크기와 모양으로 맹수 중의 맹수인 호랑이를 사냥할 수 있다는 건 언뜻 상상하기 어렵다. 그렇다면, 산척은 구체적으로 어떤 종류의 활을 썼을까? 비록 임진왜란 이후의 문헌이지만 조선 중기의 문신 조익趙翼의 《포저집浦渚集》에서, 산척이 사용한 활이 무엇이었는지 알려주는 기록을 찾아볼 수 있다.

신이 삼가 듣건대, 우리나라 산척은 모두 목궁木弓으로 짐승을

---

* 최세진(崔世珍, ?~1542년)이 어린이의 한자 학습을 위해 지은 책이다.

잡는다고 하며, 임진왜란 때 각지의 의병도 목궁을 많이 사용해서 왜적을 죽였다고 합니다. 신 역시 어린 시절에 목궁을 직접 본 적이 있습니다. 만드는 방법은 온전한 나뭇가지를 통째로 베어서 양 끝을 잘라내되 길이는 각궁角弓의 약 두 배 정도로 하고, 삼이나 모시로 활줄을 만들되 거기에다 힘줄이나 옻칠을 더 입히면 더욱 질기고 강하게 된다고 합니다.[2]

바로 '목궁'이다. 각궁은 쇠뿔이나 양뿔을 양끄트머리에 박아서 만든 활로, 주로 군대에서 사용하던 무기다. 그런데 산척은 이 각궁이 아니라, 나무로 만든 목궁을 사냥도구로 이용하였다. 온

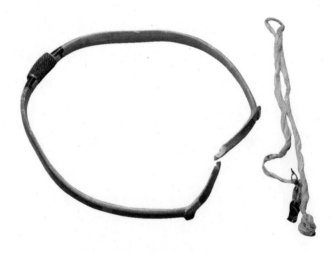

단단한 나무에 뿔을 붙여, 휘어서 만든 반원형의 화살.

전한 나뭇가지를 베어 만든 목궁은 그 크기가 각궁의 두 배가량
이나 되었으며, 게다가 활줄에 힘줄이나 옻칠을 입혀 사거리 및
날아가는 속력도 높았다. 그만큼 목궁은 각궁에 비해 성능이 강
하였다.

산척들은 왜 각궁이 아닌 목궁을 사용하였을까? 쇠뇌*의 성능
에서 그 실마리를 찾을 수 있을 것 같다.

호랑이는 화살 세 발을 명중시키고도 창으로 세 번이나 찔러
야 제압할 수 있다는 기록이 있다. 즉, 호랑이처럼 덩치 큰 들짐
승은 화살 몇 발을 맞추고도 도망쳐버릴 수 있고, 그러면 사냥은
무위로 끝나기가 쉽다. 그렇다고 맹수에 근접해서 사냥하기에는
너무나 위험하였다. 따라서 호랑이 같은 맹수를 사냥하려면 각
궁보다 더 파괴력이 강한 사냥도구가 필요하였다. 쇠뇌가 그중 하
나였다. 쇠뇌는 크게 성곽 등에 설치하여 운용하는 대형 쇠뇌, 개
인 휴대용인 소형 쇠뇌로 나눌 수 있다. 그중 개인 휴대용 쇠뇌가
호랑이 전문사냥꾼의 사냥도구로 활용되었다. 아래의 글은 착호
인과 쇠뇌의 능력을 잘 보여주고 있다.

승정원에서 아뢰기를, "착호인 노적老積을 지금 도로 본 고장으
로 보내도록 해야 합니다. …… 포악한 호랑이는 군사를 동원하더

---

* 노(弩). 방아쇠로 화살을 발사하는 활

라도 잡기가 어려운데, 이 사람은 군사 하나도 쓰지 않고 이미 호
랑이를 세 마리나 잡아 민가의 폐해弊害를 제거하였으니 그의 공
이 작지 않습니다.……"라고 하였다(《중종실록》, 중종 20년 2월 1일).

전라도 창평昌平 출신인 노적이 다른 사람의 도움을 전혀 받지
않은 채 홀로 발자국을 쫓은 뒤 쇠뇌를 쏴서 호랑이 세 마리를
포획했다는 내용이다. 절도사가 도내의 많은 군사를 동원하여
열흘 넘게 산과 들판을 휘젓고 다니면서 겨우 사슴 몇 마리나 잡
은 경우가 허다한 데 비하면 쇠뇌를 이용한 그의 호랑이 사냥방
식은 매우 효율적이었다.

이러한 노적의 사냥방식을 높이 평가한 승정원은 "평소에도
호랑이를 잡게 되면 먼저 활 쏘고 창질한 사람들은 으레 모두 포
상을 받는데, 이 사람은 잡은 게 이러한데도 상이 없습니다. 또,
이 사람의 범 잡는 방법을 경기도에서는 이번에 이미 전습傳習하
였으니, 아울러 본도本道에서도 전습하도록 함이 어떠하리까."《중
종실록》, 중종 20년 2월 1일)라며 그에 대한 포상을 건의하는 한편으
로, 노적의 이러한 포호방식을 경기도 군사에게 배워 익히게 하
였듯이 본도인 전라도 병사에게도 전습하자고 제안했다.

이렇게 해서 조정은 몰이꾼 없이 혼자서도 호랑이 같은 맹수
포획이 가능한 쇠뇌를 이용한 사냥기법을 보급해나갔다. 조정의
보급 노력의 결과인지는 알 수 없으나, 실제 쇠뇌를 이용한 사냥

꾼이 등장한다. 그 사례로는 "광주廣州에 사는 어떤 사람이 쇠뇌를 잘 쏘아 악수가 횡행할 때에도 한 해 동안 10여 마리의 악수를 잡았다고 합니다."(《중종실록》, 중종 28년 3월 24일)라는 기록을 들 수 있다.

이렇게 쇠뇌를 사용하여 그것도 혼자서 호랑이를 포획할 수 있었다면, 어떤 사냥감이라도 쉽사리 제압할 수 있었을 것이다. 이러니 쇠뇌는 활보다는 덩치 큰 동물이나 맹수를 사냥하는 데 훨씬 효율적인 사냥도구였다. 반면, 호랑이처럼 덩치 큰 동물은

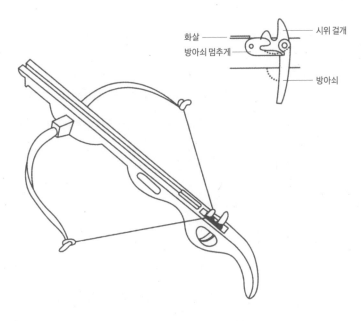

화살
방아쇠 멈추게
시위 걸개
방아쇠

쇠뇌는 활보다 구조가 복잡해서 만들기가 힘들었으며, 특히 그 제작비용이 만만치 않았다.

군대용인 각궁을 쏘아 명중시켜도 치명상을 입힐 수 없었다. 따라서 산척들은 각궁보다는 훨씬 살상력이 강한 활이 필요했고, 그 성능을 향상시킨 활을 만들어 사용했으니 그것이 바로 목궁이었다. 목궁은 각궁보다 두 배나 컸으니, 파괴력 역시 그만큼 강했다.

그렇다면 노적처럼 사냥도구로 쇠뇌를 사용하면 될 텐데 산척은 왜 굳이 목궁을 만들어야 했을까? 이는 고려 말 최무선崔茂宣이 화약무기를 개발한 일과 관련이 있다.[3] 쇠뇌의 장점은 강한 파괴력이다. 그런데 각종 화약무기는 쇠뇌보다 더 파괴력이 강했다. 따라서 조선 왕조에서는 굳이 쇠뇌를 만들 필요가 없게 되었고, 그 결과 고려 때까지 존재한 쇠뇌 부대마저 조선시대에 와서는 폐지되었다.

쇠뇌 부대가 해체되었으니 조정에서 직접 제작하여 보급하는 쇠뇌는 사라졌고, 개인이 몸소 제작해야만 했다. 하지만 쇠뇌는 제작 과정이 복잡했다. 쇠뇌는 보통 활에 기계장치를 연결해 쏘는데, 화살을 올려놓을 수 있는 틀노상, 弩床을 마련하여 그 전단前端에는 활을 부착하고 후단後端에는 시위를 걸고 발사하는 장치를 설치해야 했다.

이렇게 활보다 구조가 복잡해서 쇠뇌는 만들기가 힘들었으며, 특히 그 제작비용이 만만치 않았다. "쇠뇌를 조작造作하는 데에는 들어가는 물건이 매우 많아서 한갓 비용만 든다."《성종실록》, 성종

21년 2월 19일)라는 기록을 보면, 저간의 사정을 단적으로 확인할 수 있다. 따라서 산척들은 만들기가 간단하고 비용 부담도 적은 데다 쇠뇌만큼 살상력이 강한 목궁을 만들어 사용한 것이다.

현재로서는 실물이 남아 있지 않은 탓에, 산척들이 사용한 목궁의 파괴력이 어느 정도였는지 정확히 알 수는 없다. 다만 "각 고을의 산척들은 산비탈을 오르내리면서 대전大箭을 잘 쏘는 게 바로 그들의 장기이다."[4]라는 조선 중기의 문신 정경세鄭經世의 지적에서 그 파괴력이 어느 정도인지 짐작할 수 있다. 산척의 장기가 글자 그대로 큰 화살인 대전을 잘 쏘는 것이라고 한 것으로 보아, 대전은 목궁용 화살로 간주해도 그다지 문제될 것지는 않다.

《국조오례의서설國朝五禮儀序例》제4권의 병기도설兵器圖說 대전大箭 조항을 보면, 대전의 길이가 오척칠촌오분五尺七寸五分이라고 하였다. 1척은 30.3센티미터니, 대전의 길이는 무려 160~170센티미터나 된다. 이 정도로 긴 화살을 쏠 수 있는 목궁의 살상력은 단 한 발이면 호랑이 같은 맹수에게도 치명상을 입힐 수 있을 정도였을 것이다.

/ 착호인 부대의 창설

조선시대 산척의 주된 사냥 대상은 호랑이 같은 덩치 큰 동물이었다. 비록 각궁보다 파괴력이 큰 목궁이나 쇠뇌가 호랑이 사냥에 적합하다 해도, 살아 움직이는 맹수를 활로 쏘아 명중시켜 치명상을 입히기란 쉬운 일이 아니다. "5마리를 포획하는 데 모두 화살과 창으로 먼저 명중시킨 자는 두 단계를 뛰어서 승진시킨다."《경국대전經國大典》 병전兵典, 군사급사軍士給仕 조항)라는 기록에서 볼 수 있듯이, 호랑이 사냥의 경우 활만이 아니라 창 역시 사냥도구로 활용하였다. 그렇더라도 호랑이 사냥은 목숨을 건 위험한 일이었다.

또한, 호랑이 사냥은 군인이라고 해서 누구나 할 수 있는 일이 아니어서, 조정은 그 포획을 전문으로 하는 착호인 부대를 따로 창설하였다.《경국대전》은 각각 주州 및 부府는 50명, 군郡은 30명, 현縣은 20명의 착호인을 두도록 규정하고 있다. "만약에 범이 출현할 것 같으면, 수령이 곧 착호인을 소집해 이를 포획하게 하십시오."(《성종실록》, 성종 3년 3월 20일)라는 병조의 보고가 알려주듯이, 수령은 관할 지역에 호랑이가 나타나면 즉시 착호인을 동원하여 잡아야 했다.

자루 끝에 뾰족한 날(창신)을 박아 동물 따위를 찌르는 데 사용되었다. 길이가 긴 사각형의 창날에 목제 자루가 끼워져 있는 형태이다.

호랑이 포획에 성공한 착호인에게 제공하는 포상은, 마릿수뿐
만 아니라 호랑이의 크기 및 쏘는 순서(첫 번째, 두 번째, 세 번째) 등
에 따라 달랐다. 호랑이는 대호大虎·중호中虎·소호小虎의 크기로
분류하고 표범은 크기에 상관없이 소호 아래에 두었다.《경국대
전》의 현물포상 규정을 보면, 향리鄕吏·역리驛吏·천인賤人 가운데
1마리 잡았을 경우 1등에게 면포綿布 6필을 지급하는데, 매 등급
마다 반 필씩 감했다. 1등은 대호를 처음 쏜 자, 5등은 중호를 두
번째로 쏜 자, 9등은 소호를 세 번째로 쏜 자에게 돌아갔다.

　　이렇게 현물포상 규정을 별도로 마련한 까닭은 향리, 역리, 천
인 중에는 관직을 수행하기에 적합하지 못한 자들이 많았기에,
벼슬이 아닌 현물로 포상하기 위한 조치였다.(착호인은 양인인 군사
들만이 아니라, 향리, 역리, 천인 중에서 자원하는 자들을 대상으로 선발하기도
했다.) 당시 성인 사내 종이 주인에게 노동이 아닌 현물을 바칠
경우 1년에 3필이었으니, 면포 1필만 해도 4개월치에 해당할 정
도로 큰 액수였다.

　　그리고 잡은 호랑이는 포획자의 몫이었다. "(호랑이) 가죽 한 장
당 베 40~50필이나 하여 수신帥臣*들이 사사로이 쓰는 것이 되고
말았다."(《인조실록》, 인조 3년 3월 19일)라는 기록으로 보아, 포획한 호
랑이를 차지하는 것 자체가 최고의 상이었다. 당시 호랑이 가죽

---

* 병마절도사 및 수군절도사.

40~50필이면, 요즘으로 치면 로또 1등에 당첨된 셈이다. 물론 우두머리를 잘못 만나면 우두머리의 몫이 되겠지만 말이다.

사실, 호랑이 가죽호피. 虎皮의 가격은 시기마다 달랐다.[5] "옛날에는 호피 한 장의 값이 면포 30필이었는데 지금은 80여 필에 달하였다."《연산군일기》, 연산군 3년 7월 30일)라는 기록을 보면, 조선 초에는 30여 필이던 호피 한 장 값이 1497년(연산군 3년)이 되면 80여 필로 그 가치가 2.5배 이상 뛰었다. 60여 년이 지난 1554년(명종 9년)에 와서는 "호피 한 장의 값이 쌀로는 30여 석石이요, 무명으로는 7~8여 동同(1동은 50필)이나 된다."《명종실록》, 명종 9년 4월 27일)라는 기록이 알려주듯이, 무려 350~400여 필로 그 가치가 10배 이상 치솟았다. 호피 가격의 폭등은 호랑이 개체 수 감소에 따른 공급 감소가 주요인이었다. 그러다가 1625년(인조 3년)에 와서는 다시 40~50필로 떨어진다.

이처럼 호랑이 사냥꾼에게 엄청난 액수의 포상을 내건 이유는 목숨을 내놓고 하는 아주 위험한 작업이기 때문이다.《경국대전》 포상 규정을 보면, 세 번째로 화살을 쏘거나 창질한 자에게도 포상을 내린다. 호랑이는 크기에 관계없이 화살과 창에 각각 세 차례씩 맞아야 제압될 정도로 위협적인 존재였던 것이다.

따라서 호랑이 포획 과정에서는 아무리 출중한 무예 실력을 지닌 자라 해도 단 한 번의 실수만으로 목숨을 잃을 수 있었다.

(착호)갑사 박타내朴他乃는 창을 가지고 나아가서 잘못 찔러서 호랑이에게 물려 거의 죽게 되었으므로, 도승지都承旨 신면申㴐에게 지시하여 극진히 약으로 구호하게 하고 드디어 궁궐로 돌아왔는데, 이튿날 박타내가 죽었다(《세조실록》, 세조 12년 1월 28일).

착호갑사捉虎甲士*는 중앙에 편성된 호랑이 사냥 전문 부대였다. 이렇게 호랑이잡이를 전문으로 하는 최정예 군인으로 구성된 착호갑사조차도 급소를 단 한 번에 찌르지 못해 도리어 자신의 목숨을 잃게 될 정도로 호랑이는 위험한 사냥감이었다.

착호갑사라는 용어가 태종 16년 10월 27일의 《태종실록》에 처음 등장한 것으로 보아, 그(1416년) 전부터 존재하였을 것이다. 그때까지만 해도 착호갑사는 임시로 운영된 것으로 보인다. 그러다가 공식적으로 운영되기 시작한 시기는 세종 때였다. "착호갑사는 현재의 당번當番, 다음 번番을 설 사람의 수를 모두 20명으로 정하였으나, 다만 전 번에 임명한 착호갑사는 일정한 정원이 없으니, 20명으로 정하여 주십시오."(《세종실록》, 세종 3월 3월 14일)라는 병조의 건의를 상왕 태종이 승인하면서부터이다. 태종은 왕위를 아들 세종에게 물려준 뒤에도 한동안 병권만은 이양하지 않

---

* 초기에는 서울에 올라와 숙위(宿衛)를 담당하던 갑사 중에서 선발했지만, 제도가 정비되면서는 각 도 병사의 추천을 받아 뽑았다. 물론 추천 대상은 호랑이를 포획한 실적이 있는 자였다.

사냥하는 모습을 그린 8폭 병풍의 일부분이다. 청나라 옷차림을 한 사람들이 호랑이, 사슴, 멧돼지 등을 수렵하는 모습이 그려져 있다.

은 채 장악하고 있어서, 상왕인 태종이 착호갑사 설치 등 군사 관련 결재권을 가지고 있었다. 착호갑사는 1421년(세종 3년)에 와서 당번 및 비번非番 각각 20명씩 총 40명을 뽑아 양번제兩番制로 운영되었다.

1428년(세종 10년) 9월 1일이 되면 당번 및 비번 포함 총 80명씩으로 늘어나는 등 착호갑사의 정원도 계속 증가하면서, 《경국대전》이 완성된 성종 때에는 무려 440명이나 되었다(《경국대전》, 병전, 착호). 이들 착호갑사는 다섯 번番으로 나뉘어 운영되었는데, 한 번은 30개월마다 6개월씩 근무했다.

착호갑사든 착호인이든, 복무하지 않을 때, 즉 비번일 때에는 군인이 아닌 그저 사냥꾼일 뿐이었다. 게다가 30개월마다 6개월만 복무하였으니 민간사냥꾼이라 해도 무방할 것이다. 물론 착호갑사에 해당하지만 말이다. 앞서 언급했듯이, 착호인은 군복무의무가 있는 양인만이 아니라 향리, 역리, 공사천도 자원하면 선발될 수 있는 것으로 보아, 각각 직역이나 생업에 종사하다가 자기 고을에 호랑이가 출몰하면 동원된 것으로 보인다. 요즘으로 말하면 착호인은 예비군인 셈이다.

/ 다양한 사냥방식

　호랑이 사냥꾼은 그 신분이 군인이든 민간사냥꾼이든, 활과
더불어 창을 사냥도구로 사용하였다. 호랑이 같은 맹수를 발견
하면 신변을 보호할 수 있는 먼 거리에서 먼저 화살을 쏘아 타격
을 입히고, 가까이 다가가서 창으로 찔러 사냥감을 제압하는 방
식이었다. 호랑이잡이를 전문으로 하지 않는 사냥꾼도 마찬가지
였을 것이다. 이들 역시 호랑이와 마주칠 가능성이 아주 높았을
것이기 때문이다.

　함정陷穽이나 기계機械 역시 사냥도구로 이용되기도 하였다.《조
선왕조실록》에는 다음과 같은 기록이 있다. 세조가 팔도 관찰사
에게 "호랑이나 표범이 사람과 가축을 많이 해치는 것을 싫어하
는데, 어찌 수시로 포획하지 아니하는가? 모름지기 기계와 함정
을 더 설치하여 힘써 잡도록 하라."(《세조실록》, 세조 10년 8월 28일)라
고 명령을 내린 것이다. 이 같은 지시를 내린 세조는 같은 날 각
도의 경차관 등에게 각 고을 단위로 설치된 기계 및 함정의 현황
을 조사해 보고하라고 하명하였다.

　함정은 땅을 파서 구덩이를 만들어 윗머리가 뾰족한 말뚝을
막은 뒤 그 위를 덮어 짐승이 와서 빠지게 해서 잡는 방식이었다.
기계에는 '함기檻機'와 '궁노弓弩'가 있었다. 궁노는 사냥감이 격발
장치를 건드리면 쇠뇌가 자동으로 발사되어 죽이는 기구로, 숨겨

놓았다. "함기를 설치하여 이를 잡는 자에게는 그 호랑이 및 표범의 크고 작은 데 따라서 화살과 창의 예에 따랐다."(《성종실록》, 성종 2년 1월 12일)라는 기록을 보면, 사냥꾼 중에는 함기를 설치하여 잡는 자도 있었다. 함기는 나무 우리檻를 이용해 덫으로 잡는 기구이다. 함기를 들짐승이 다니는 길목에 설치하고 미끼를 이용해 사냥감을 유인해서 잡는 식이다. 관에서 설치한 함기는 공함기公檻機, 개인이 설치한 걸 사함기私檻機라고 하였다(《성종실록》, 성종 17년 12월 2일). 이처럼 기구를 이용하여 범을 잡은 사냥꾼이 있었으니, 활과 창으로 범을 잡은 자의 포상에 준하는 규정을 마련한 것이다.

산짐승이 자주 다니는 길에 설치해두어 호랑이보다 작은 여우나 오소리 등을 꾀어 잡는 데 사용되었던 사냥도구. 함기는 커다란 우리 형태였다.

이들 기구를 설치하여 포획하는 방식은 "공물貢物의 호피·표피는 본시 함정과 궁노로 잡은 걸 사용하였다."(《성종실록》, 성종 1년 1월 29일)라는 기록에서 확인할 수 있듯이, 큰 상처를 내지 않고 사냥감을 잡을 수 있어 주로 진상용 가죽을 확보하는 데 활용되었다. 이런 사냥방식은 사냥하는 과정에서 사냥꾼 자신이 상해를 입지 않을 수 있으며, 비교적 노력이 적게 드는 장점도 있었다. 하지만 사냥감이 스스로 접근하지 않으면 잡을 수 없는 소극적인 방식에 불과하였다.

실제, 함정을 설치하여 호랑이를 많이 잡은 사람에 대한 기록이 《조선왕조실록》에 수록되어 있다. 그 주인공이 바로 충청도 공주 출신 박진귀朴震龜이다.

공주 사람 박진귀가 그의 아버지가 호랑이에게 죽은 것을 통분하게 여겨 산 아래에다 집을 짓고 함정을 설치해 호랑이를 많이 죽였다고 감사監司가 장계狀啓를 올려 임금에게 아뢰니, 복호復戶*하였다(《영조실록》, 영조 31년 9월 1일).

이야기의 주인공인 박진귀는 "공주 사람公州民"이라는 표기로 보아 평민인 듯하다. 미담의 주인공이 평민인데도 관련 이야기가

---

* 복은 면제해준다는 뜻이고 호는 호역을 뜻하는데, 그 대상자는 효자, 충신 등이었다. 법으로는 부역만 면해주기로 되었으나, 실제로는 조세까지도 면제해주었다.

실록에 기록된 연유는, 유교를 국시로 표방한 왕조답게 박진귀를 효자의 표상으로 내세우기 위한 조치로 보인다.

그물 역시 사냥도구로 활용되었다. 창이나 활을 이용하여 사냥하면 잡은 짐승이 손상을 입으므로, 이런 손상을 막으려고 그물을 사용한 것이다. "의정부에서 아뢰기를 '지금 제사에 쓸 재료는 망패網牌라 일컫는 사냥꾼으로 하여금 철원鐵原·평강平康에서 사냥하여 바치게 하였습니다.'"(《세종실록》, 세종 8년 6월 14일)라는 기록에 따르면, 망패라 불리는 사냥꾼은 제사용 짐승을 잡아 바친다. 망패란 그물, 즉 망자網子를 이용하여 들짐승을 잡는 사냥꾼을 가리키는 말이다.

무엇보다 제사를 가장 중요한 일로 생각하는 유교국가이기에 조선 왕조는 손상되지 않은 제수를 마련하려고 이렇게 망패를 동원하여 짐승을 사냥하였다. 왕실에서 사용하는 공물로 바치는 짐승 가죽도 그물을 이용하여 잡은 들짐승을 벗겨 상납하였다. 이런 사실을 구체적으로 알려주는 문헌자료가 있다. 바로 이문건이 쓴 《묵재일기默齋日記》*다. 이 일기 내용을 바탕으로 노루 포획 및 가공 과정을 살펴보자.

1552년 3월 18일의 일기에는 "여우봉呂牛峯에게 편지하여 노루 그물獐網子을 빌려달라고 하였더니 즉시 세 망을 보내왔다. 최문崔

---

* 조선 중기의 문신인 이문건(李文楗, 1494~1567년)이 1535년에 쓰기 시작해서 그가 죽은 해인 1567년까지 쓴 일기로, 일기 제목인 '묵재'는 이문건의 호이다.

文에게 이 그물을 사용해서 사냥하게 하였다."라는 내용이 있다. 이문건이 여우봉에게 노루 그물을 빌려서 최문에게 노루잡이를 시켰다는 것인데, 현재는 남아 있지 않지만 '노루 그물'이라고 표현한 것으로 보아 꿩, 사슴 등 사냥감에 따른 그물이 각각 있었던 것으로 보인다. 1552년 2월 23일 일기에는, 이문건이 노루 가죽을 공물로 바치려고 "최문에게 노루 껍질을 벗겨오라고 하였더니 가져온 걸 보니 안만 발라내었을 뿐 깔끔하지가 못하였다."라는 구절이 나오는데, 최문에게 가공도 맡겼지만 성에 차지는 않았던 모양이다.

이렇게 이문건이 그물을 이용하여 사냥 준비부터 가죽 가공에 이르기까지 전 과정을 관리한 연유는, 그가 공물 납부자를 대신하여 공물을 대납하고 수수료를 붙여 받는 일인 방납 활동에 관여된 인물이었기 때문이다.[6] 한편, 직접 사냥하고 가죽 가공도 손수 처리한 최문이라는 인물도 궁금한데, "백정 최문이 바꾼 소를 납부하지 않았다."라는 1556년 12월 20일의 일기를 보면, 그가 백정임을 알 수 있다.

공물 납부든 제수 마련이든, 혹은 높은 가격을 받을 수 있는 상처 없는 가죽을 얻기 위해서든, 최문처럼 그물을 이용하여 날짐승을 사냥하는 방식은 일종의 몰이사냥이었다. 일단 한곳에 그물을 둘러친 뒤 몰이꾼들이 사슴, 노루, 꿩 등의 사냥감을 몰아 잡는 사냥법인 것이다.

겨울철에는 썰매*를 이용하기도 하였다. 산간 지역에서는 겨울에 폭설로 허리춤까지 빠지는 눈길을 헤치고 거동하기도 어려워, 사냥은 불가능했다. 이런 곳에서 겨울철이 되면 사냥꾼들은 썰매를 이용하여 사냥할 수밖에 없었다. 이와 관련된 기록을 조선 후기의 학자 이익李瀷의《성호사설星湖僿說》에서 찾아볼 수 있다.

우리나라 북쪽 변방에는 겨울철이 되면 사냥꾼들이 모두 설마를 이용하게 된다. 산골짜기에 눈이 두껍게 쌓이기를 기다려서 한 이틀 지난 뒤면 나무로 말(썰매)을 만드는데 두 머리는 위로 치켜들게 한다. 그 밑바닥에는 기름을 칠한 다음, 사람이 올라타고 높은 데에서 아래로 달리면 그 빠르기가 날아가는 것처럼 된다. 곰과 호랑이 따위를 만나기만 하면 모조리 찔러 잡는다. 이는 대개 기계 중에 빠르고 날카로운 것이리라.7

썰매

속력을 높이려고 밑바닥에 기름칠한 나무 썰매를 타고 내달리면서 곰이나 호랑이를 창으로 찔러 잡는 북쪽 산간 지역의 이러한 사냥법은, 눈이 많이 쌓은 곳에서는 짐승이 빠르게 움직이지 못한 점을 이용한 것이기도 하다.

또한, 조선 중기의 문신인 이식李植의 〈썰매〉라는 한시에도 강원도에서 사냥꾼이 썰매를 타고 들짐승을 잡는 모습이 아주 생동감 있게 묘사되어 있다.

썰매[8]

......

봉래산에 세 장 높이 눈이 쌓이면
한겨울 해변 마을 장사꾼도 얼씬 못해
......

앞뒤로 추켜올려 마치 배를 타듯
두 개의 막대기를 채찍으로 삼아
산 위로 서서히 몰았다가 질풍처럼 하산하며
썩어 죽은 나무 사이를 꺾어 돌며 피하네

* 한자로는 눈 위에서 달리는 말이라는 뜻인 '설마(雪馬)'로 표기하였지만, 우리말로는 '썰매'라고 불렀다.

갈 곳 못 찾는 토끼와 포효하는 늙은 호랑이
멧돼지며 외뿔소는 감히 도망가지 못하네
싱싱한 고기 잡아 들고 저녁에 돌아오니
어찌 먹일 걱정 도둑 걱정을 하겠는가
......

사냥꾼이 겨울철에 썰매를 타고 두 개의 막대기를 이용해 산
위에서 내달리며 호랑이를 비롯한 산짐승들을 사냥하는 모습을
아주 실감나게 묘사한 시다. 이처럼 겨울철에 세 장(1장(丈)은 약
30센티미터)가량 눈이 쌓이면 강원도를 비롯한 한반도 산간 지역
의 산척들은 썰매를 타고 산 위에서 질풍처럼 내려오면서 멧돼지
등 산짐승을 창으로 찔러 잡았다.

/ 직업사냥꾼의 규모

조선시대 산척의 수는 꽤나 많았다. "사헌부가 임금께 올린 글
계사. 啓辭대로 강계江界의 토병土兵과 원래 살던 금군禁軍. 국왕의 친위
군을 남김없이 징발해서 설한령薛罕嶺*을 방어하는 일은 이미 거행

---

* 평안북도 강계군과 함경남도 장진군 사이에 있는 고개.

했습니다. 그리고 '각 고을의 산척 수가 수백 명에 밑돌지 않는가.'라고 했는데, 지금 계사에 따라 일일이 색출할 것입니다.'(《선조실록》, 선조 26년 2월 9일)라는 비변사備邊司**의 보고를 보면, 고을마다 수백 명이나 될 정도로 직업사냥꾼인 산척이 아주 많았던 사실을 확인할 수 있다.

이 비변사의 보고는 이틀 전 선조의 명령에 대한 답변 내용이다. 임진왜란 때 왜군이 경상도 남부로 퇴각하자 사헌부는 그동안 소홀할 수밖에 없었던 여진족의 침략에 대한 대비책을 건의하고 나섰고, 이에 국왕은 사헌부가 마련한 대책을 비변사에 시행하라고 지시한 것이다.[9]

비변사 보고 중 주목할 부분은 바로 "각 고을의 산척 수가 수백 명에 밑돌지 않는가."이다. 이 내용은 이틀 전 있었던 사헌부의 계사에 포함된 구절인데, 각 고을이 전국의 군현을 가리키는지, 아니면 평안도 강계와 같은 산악 지역의 고을을 지칭하는지는 명확하게 판단할 수 없다. 하지만 산악 지대의 고을만을 가리킨다 해도, 한반도의 70퍼센트가 산악 지역이니 산골 고을마다 산척이 수백 명이나 존재했더라도 전국의 산척 수는 꽤 많았다. 시기마다 약간의 변동은 있었지만, 조선시대 전국의 군현 수는 330 고을 내외였다.[10]

** 조선 중·후기에 의정부를 대신하여 국정 전반을 총괄한 실질적인 최고의 관아.

한편, 특정 군현의 산척 수를 기록한 문헌자료도 있다. "임진년(1592년)에도 김면金沔이 거창居昌의 산척 수백 인으로 하여금 우현牛峴을 방어하게 하였다."(《선조실록》, 선조 29년 12월 8일)라는 기록이 그것이다. 이처럼 임진왜란 때 의병장 김면이 경상도 거창을 지키려고 길목인 우현에 거창 출신 사냥꾼 수백 명을 매복시킨 걸 보아도, 역시 산척의 수는 한 고을에 무려 수백 명이나 되었다.

산척의 후신인 산행포수의 사례이지만, "병자년(1636년)의 일로 말하더라도 유림柳琳의 김화金化, 현재의 철원군전투는 오로지 청주의 300명 산행포수의 힘을 입은 것입니다."(《영조실록》, 영조 21년 4월 5일)라는 기록을 보면, 병자호란 때 평양병사 유림이 지휘하여 승리한 김화전투에 청주의 산행포수 300명이 참가하였다. 청주의 산행포수가 모두 김화전투에 동원되지는 않았으리라 짐작하면, 300명이라는 숫자는 최소한의 사냥꾼 수일 테다.

1871년(고종 8년) 5월 21일 경연經筵* 자리에서 고종이 경계부사로 근무한 적이 있던 박영보朴永輔에게 "강계의 포수가 몇 명이냐?"고 묻자, 그는 "산에 들어가 수렵을 하면서, 가고 머무는 것을 제 마음대로 한 자(산행포수)가 이삼백 명 됩니다."(《승정원일기》, 고종 8년 5월 21일)라고 답하였다. 조선 후기까지도 강계 한 고을에만 산행포수가 무려 200~300명이나 되었다는 것이다.

---

* 임금에게 유학의 경서를 강론하는 일.

조선시대 청주는 물론이고 거창 역시 비교적 큰 고을에 속하고 강계는 산악 지대여서 일반화하기에는 한계가 있지만, 사헌부의 보고를 고려할 때 직업사냥꾼이 고을마다 수백 명 정도 있었다고 해도 큰 무리는 없을 것으로 여겨진다. 실제 "하삼도의 감사와 병사의 아병牙兵** 및 각 읍 수령의 산척포수山尺砲手는 모두 병적兵籍이 있으며 그 수효는 수천 명을 밑돌지 않습니다."(《승정원일기》, 인조 14년 2월 30일)라는 비변사의 보고는 이를 잘 보여준다.(여기서 산척포수는 글자 그대로 산척 중 총을 사용하는 포수를 말한다.)

병적부에 등록된 하삼도의 산행포수만 수천 명이나 되었으니, 미처 파악하지 못한 자를 합치고 나머지 5도의 산행포수까지 모두 포함하면 조선시대 전문사냥꾼의 규모가 어느 정도였는지 충분히 가늠할 수 있다. 결론적으로 말해, 그 명칭이 산행포수이든 산척이든 사냥을 직업을 삼은 사냥꾼이 전국 곳곳에 꽤 많이 있었다.

** 중앙의 오영(五營) 등에도 있었으나 대다수가 각 도의 감영(監營)·병영(兵營) 등 지방 군대에 배속되어 있었다.

三.
임진왜란의 전사, 산척

임진왜란 직전 왕조의 군대는 지방군은 말할 나위도 없고
중앙군마저도 사실상 무력화된 상태였으니,
평상시 사냥으로 단련된 전사인 산척이 임진왜란 당시
수령이든 의병장이든 일선 군 지도자들의 주목 대상이 된 것은
자연스러운 귀결일 게다.

앞서 언급했듯이, 조선시대에 호랑이는 공공의 적 1호로 지목될 정도로 호환은 심각했고 이는 그만큼 호랑이가 많았다는 증거이다. 그리고 사냥으로 생계를 유지하는 사냥꾼은 호랑이를 제압할 수 있는 실력을 갖추어야 했다. 앞서 인용한 갑사 박타내의 일화에서처럼, 호랑이 포획 과정에서는 뛰어난 무예 실력을 지닌 자라도 단 한 번의 실수만으로 생명을 잃을 수 있었기 때문이다.

실제로 사냥꾼은 출중한 무예 솜씨를 갖추고 있었다. 위정자들도 사냥꾼이 빼어난 실력을 지닌 부류, 즉 전사 그 자체임을 잘 알고 있었다. 또한, 그런 빼어난 전사들을 사냥 이외의 일에 활용할 방안도 늘 고민하였다. 1433년 세종이 대신들과 함께 여진족 방어 문제를 의논할 때 대신 황희 등이 나서서 "서울 안의 시위도 허술하게 할 수 없습니다. 옛 사람의 말에 '정병精兵 일백이면 향하는 곳에 대적할 이가 없다.'라고 하였으니, 중앙군을 더 보낼 필요는 없습니다. 다만 평안·황해도에서 신백정을 뽑아서 패牌*를 만들어 들여보내면, 이들은 산 일대를 다니는 데 익숙하고 활

쏘기에도 능숙하여 유익할 듯하옵니다."(《세종실록》, 세종 15년 2월 27
일)라고 주장하였다. 이는 백정이 활쏘기만이 아니라, 산길에도
능숙하여 산악 지역에서의 전투 능력은 오히려 경군京軍보다 뛰
어났기 때문이다. 이처럼 왕조 초기 위정자들은 백정 출신 사냥
꾼이 뛰어난 전사임을 잘 인지하고 있었다.

/ 최정예 전사, 사냥꾼

　이러니 위정자들은 외적 방어에 사냥꾼을 동원하고는 했다.
세종 15년 2월에 이어, 8월에는 "여연閭延에 나가 방위하는 경군
은 걷고 달음질하는 데 익숙하지 못하오니 튼튼하고 날랜 신백정
을 충청·경기·황해도에서 뽑아서 운運**을 나누어 들여보내기를
청하옵니다."(《세종실록》, 세종 15년 윤8월 16일)라며 그 모집 범위를 확
대하자고 건의했고, 세종은 병조의 의견을 받아들여 백정 파견
을 결정하였다.
　백정 출신 사냥꾼은 왜구의 침입을 방어하는 데에도 동원되었
다. 경상도 해안가에 출몰하는 왜구의 방어에 군인만이 아니라

---

* 복무할 때 번(番. 비번 내지 당번)을 갈아서던 한 무리로, 대체로 40~50명이 한 조를
이룬다.
** 많은 사람을 여러 차례에 걸쳐 나누어서 보낼 때 배정한 수효이다.

백정들도 차출한 것이다.

> 왜적이 바다 가운데 출몰하면서 틈을 타서 죽이거나 잡아가고
> 하여, 원망이 쌓여서 복수하려고 한 적이 하루 이틀이 아니니, 방
> 비하지 아니할 수 없다. 이미 부근 군현郡縣의 시위패侍衛牌·별패別
> 牌·재인·화척을 징집하여 대비하였다(세종 3년 10월 11일).

1419년(세종 1년) 대마도 정벌에도 불구하고 왜구의 침략이 끊
이지 않자, 조선 초기 중앙군의 기간을 이룬 병종인 시위패(시위
군이라고도 하였다.) 및 별패는 물론이고 백정을 소집하여 왜구의 침
략에 대비한 것이다. 비번인 중앙군뿐만 아니라 사실상 병역 의
무에서 제외된 백정까지도 동원한 조치는 왜구의 잦은 약탈을
방비하고자 위정자들이 당시를 유사시로 규정하였기 때문이다.

이렇게 외적의 침략이 있을 때마다 백정 출신 사냥꾼이 마치
정규군처럼 수시로 동원된 까닭은 그들이 전사 그 자체였기 때
문이다. 게다가 평소 사냥으로 단련되어 있었기에 활쏘기 등 무
예 실력이 군인보다도 출중하였다. "신백정은 항상 수렵을 익혀
서, 말도 잘 타고 걸음도 빠르다."(《세종실록》, 세종 18년 윤6월 18일)라
는 기록은 이런 사정을 잘 보여주고 있다.

따라서 위정자들은 왕조 초기부터 외적의 침략을 방어하는
데 백정 출신 사냥꾼을 동원하자고 주장한 것이다. 이런 건의는

국왕의 승인을 받아, 백정 출신 사냥꾼이 전장에 투입되고는 했다. 더 나아가 조정은 아예 백정 출신 사냥꾼 등을 병적부兵籍簿, 즉 호적戶籍에 등록해두었다가 급한 일이 발생하면 이들을 징집하는 제도를 마련하였다.

> 우리나라의 재인과 백정은 그 선조가 오랑캐의 종족입니다. 그래서 비단 말을 잘 타거나 활을 잘 쏠 뿐만 아니라 천성이 모두 사납고 용맹스러워 걸어다니면서 짐승을 잡는 데 익숙하여 사냥을 예사로 여깁니다. …… 삼가 원하건대, 조정 관리를 나누어 파견해서 모두 자세하게 추쇄推刷*하여 재주에 따라 등급을 나누고 성명姓名을 장부에 기록하여 군정軍丁으로 보충하도록 허락하십시오(《성종실록》, 성종 22년 4월 23일).

앞에서도 살펴본 성종 때 중신인 김영유金永濡의 상소문 일부이다. 김영유의 이 제안은 성종의 승인을 받아 시행되었다. 사실 이러한 제도는 왕조 개창 직후부터 마련되었지만, 제대로 실행되지 못하였다.[1] 그것은 북방 유목민의 후예답게 한곳에 정착하지 않고 여기저기 떠돌아다니면서 생계를 유지하는 백정의 생활방식 때문이었다.

---

* 병역 따위를 기피한 사람을 붙잡아 본래의 고장으로 돌려보내던 일.

조정에서는 이렇게 떠돌이 생활을 하는 백정들을 일일이 파악하여 병역을 부담시키기가 쉽지 않았다. 그런데도 건국 직후부터 가능한 백정을 조사하여 호적에 등록하려는 사업을 지속적으로 추진해왔다. 백정의 생활방식 때문에 사업이 제대로 이루어지지는 않았지만, 왜구든 여진족이든 침략해오면 조정은 등록된 백정 출신 사냥꾼을 소집해서 전장에 투입하고는 하였다.

/ 우현전투, 임진왜란 때 산척의 활약

사냥꾼과 같은 보통 사람들은 중대 범죄자를 제외하면 공식문서이든 사적 기록이든 문헌자료에 자신의 이름을 남긴 사례가 거의 없는데, 특이하게도 《조선왕조실록》에 임진왜란 중의 사냥꾼 관련 내용이 있다.

임진년(1592년)에도 김면이 거창의 산척 수백 인으로 하여금 우현을 방어하게 했는데, 많은 적들이 여러 번 진격했으나 이기지 못하여서 거창이 끝까지 보전하였습니다. 이는 이미 겪은 경험입니다(《선조실록》, 선조 29년 12월 8일).

한마디로 사냥꾼 부대가 없었다면 거창을 방어할 수 없었다는 말이다. 이 사례를 산척 활용방안의 근거로 삼았기에, 드물지만 보통 사람에 관한 글이 《조선왕조실록》에 실린 것으로 보인다. 당시 군무를 총괄하던 비변사는 자원이 부족해서 도 가운데 방비가 가장 허술한 강원도의 방어에 산척을 동원하자는 방안을 제안하고 나섰고, 그 근거로 거창 방어 때 그 고을 산척들의 활약상을 든 것이다. 산척을 동원하여 왜군으로부터 거창 방어에 성공했듯이, 강원도의 방어도 가능하다고 본 것이다. 더구나 "강원도의 군사는 비록 수효가 적고 힘이 약하다고는 하나, 산중에는 산척이라는 자들이 곳곳에서 수렵으로 생활을 영위하고 있다."(《선조실록》, 선조 29년 12월 8일)라는 기록이 알려주는 대로, 강원도는 산간 지역이라 산척이 많아서 더욱 활용 가능성이 컸다는 게다.

임진왜란 직전 조선의 군사제도는 사실상 무력화된 상태에 이르렀다. 예컨대, 1592년 4월 17일 경상좌수사慶尙左水使 박홍朴泓으로부터 왜군의 침략 보고를 받은 조정은 일단 신립申砬을 도순변사都巡邊使*, 이일李鎰을 순변사, 김여물金汝岉을 종사관으로 임명하여 적의 진격을 차단하게 하였다. 이 같은 긴급 상황에서 순변사 이일은 임지로 거느리고 갈 300여 명의 군사조차 확보하지 못한 채 서울에서 사흘이나 허비한 뒤 단독으로 출전할 정도로 중

---

* 군정(軍政)을 총괄하기 위하여 중앙에서 파견하던 국왕의 특사.

앙군이 와해된 상황이었다.[2] 순변사는 군무軍務를 관장하기 위해 중앙에서 파견된 국왕의 특사로, 당시 군사제도상 이 일을 수행할 경군은 순변사를 보좌하여 지방군을 지휘할 장교들이었다.

중앙군이 이 정도였으니, 지방군은 더욱 엉망이었다. 1555년, 왜선 70여 척이 전라도 해남을 침입하여 전라병사 등을 죽이고 영암까지 침략했던 을묘왜변乙卯倭變이 일어났다. 이때 왜구가 이들 연해 고을을 횡행하는 동안 지방군은 제대로 대처하지 못했다.

실정이 이러했으니 조정은 군사제도를 개편하였다. 지방의 방어체제를 진관鎭管 체제에서 제승방략制勝方略 체제로 바꾼 것이다. 전국의 고을을 진으로 편성한 진관 체제는 단순한 지방군제가 아니라, 비번일 때 생업에 종사하다가 당번이 되면 중앙이나 요새지에 와서 근무하는 전국적인 방어체제였다. 각 진관에 소속된 지방군은 평상시 생업에 종사해 군사로서의 능력을 유지할 수 없을 뿐만 아니라, 일선 군사지휘관인 수령은 대부분 문신 출신出身**으로 군사軍事를 등한시할 수밖에 없었다. 따라서 을묘왜변 이후 신지信地, 곧 지정된 장소에 도내道內 군사를 총동원하여 방어하는 제승방략 체제로 바꾼 것이다.[3]

이러한 제승방략 체제 역시 대군이 침략할 경우 실전에 적용할 수 없는 전략이라는 데 그 한계가 있었다. 적의 침략이 있으면 중

** 과거(문과, 무과) 합격자 전체를 가리킨다.

앙에서 파견한 지휘관이 예정된 곳에 집결한 지방군을 지휘하는 체제였기 때문이다. 예컨대, 왜군의 침략 소식을 접한 경상감사 김수金睟는 휘하 수령들에게 소속 군사를 이끌고 신지에 집결하라고 명령하였으나, 지시에 따라 대구에 집결한 군사들은 물론이고 수령들까지도 모두 순변사가 도착하기도 전에 약탈을 목적으로 한 소규모의 왜구가 아니라 대규모의 정규군이 닥치자, 놀라 도주하고 말았다.[4]

그리고 임진년(1592년) 4월 14일, 부산에 상륙한 왜군의 선발대는 별다른 타격을 입지 않은 채 개전 20일 만에 서울을 점령하였다. 잘 알려진 대로 그것은 조정이 무능하고 정부군이 무기력했기 때문이다. 수령들 또한 대부분 고을을 버리고 도주해버렸다. 왜군에게 저항한 수령들도 일부 있었지만 말이다.

이런 상황에서 의병이 전국 곳곳에서 일어났고 전과를 거두기 시작했다. 부산에 상륙한 왜군은 한양 점령을 목표로 삼아 세 부대로 나눠 각각 간선도로를 따라 신속히 북상했다. 침략군은 후방의 요충지에 소수의 병력을 주둔시켰기 때문에, 점령지일지라도 주둔지 이외의 대부분 지역은 그들의 통제 밖에 있었다. 그래서 도 자체가 전쟁터가 되어버린 경상도에서는 곧바로 의병이 조직되고 활약하였다. 곽재우郭再祐는 전쟁이 일어난 지 13일 만인 4월 27일에 의령宜寧에서 의병을 일으켰다. 이어 김면金沔, 정인홍鄭仁弘 등도 경상도 곳곳에서 의병을 조직했다. 거의 동시에 호남

왜군의 진격로

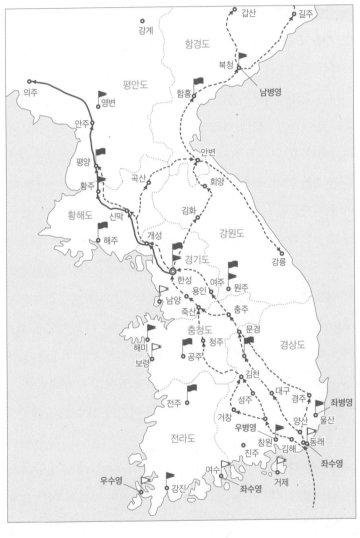

갑산
길주
강계
함경도
북청
평안도
남병영
영변
함흥
의주
안주
안변
평양
곡산
회양
황주
김화
황해도
강원도
신막
해주
개성
경기도
강릉
한성
여주
용인
원주
남양
죽산
충주
해미
문경
충청도
보령
청주
경상도
공주
김천
대구
전주
성주
경주
좌병영
거창
울산
우병영
양산
진주
창원
동래
전라도
김해
좌수영
우수영
여수
강진
좌수영
거제

—— 선조의 북상경로   관찰사영   병마절도사영   수군절도사영
---- 왜군 침공경로   (감영)   (병영)   (수영)

에서는 김천일金千鎰과 고경명高敬命 등이, 호서에서는 조헌趙憲 등이 각각 의병을 일으켰다. 앞서 소개한 실록의 인용문은 이들 의병 가운데 경상도 거창에서 의병을 일으킨 김면 부대의 활약을 기록한 것이다.

개전 20일 만에 서울에 집결한 왜의 원정군 지휘부는 대오를 다시 정비하고 작전회의를 열어 각 부대의 진로를 논의했다. 이 회의에서 고니시 유키나가小西行長가 이끄는 부대는 평안도, 다른 두 부대는 각각 함경도와 황해도로 진격하기로 했다. 그리고 나머지는 서울을 지키는 부대, 강원도·경상도·전라도 방면으로 진출거나 후방의 안전을 도모하는 부대로 나누기로 했다.

5월 중순, 제6군(1만 5,700명)과 제7군(3만 명)이 전라도를 점령하기 위해 낙동강 서쪽의 경상우도로 쳐들어왔다. 경상도 의병들은 주로 이들 부대와 싸웠다. 지례知禮, 경상북도 김천 지역를 점령한 제6군의 주력은 전라도 무주茂朱로 진출했으며, 일부가 거창을 공격했다. 앞서 본 대로 왜군은 우현을 지키고 있던 산척 부대의 방어선을 넘지 못해 거창 점령에 실패했다. 이것이 바로 1592년 6월 14~18일 사이에 벌어진 우현전투이다.[5]

사냥꾼 부대의 선전은 거창을 경상우도 의병들의 주요 근거지로 만들었다. 이후 거창을 거점으로 삼은 김면 부대는 인근 의병 부대와 연합하거나, 단독으로 왜군이 점령한 지례 등 인근 고을들을 수복하며 많은 전공을 세웠다. 특히 의병들의 낙동강 수로

확보는 왜군의 보급로를 차단하는 효과를 가져와 더 이상의 북
상을 저지할 수 있었다.

거창 출신 사냥꾼 가운데 혁혁한 전공을 세워 청사에 이름을
남긴 인물도 있다. 바로 서인손徐仁孫이다. 그는 단 한 번의 전투에
서 왜장倭將을 포함한 적병 24명을 죽이거나 중상을 입혔다.

> 500여 명이나 되는 적들이 화룡기畫龍旗 1개, 소초기小招旗 9개를
> 세우고서 마차를 끄는 말에 올라탄 자 한 명이 무리를 데리고서
> 곧바로 변함弁巖을 통과했다. 거창에 사는 산척 서인손이 왜장倭將
> 을 쏘아 가슴을 맞추어 말에서 떨어뜨리고, 20여 명을 명중시키고
> 3명을 참수했다.[6]

사냥꾼 가운데 서인손처럼 큰 전공을 세운 인물은 그리 많지
않았겠지만, 서인손을 비롯한 거창의 산척 부대는 사냥꾼들이
곧바로 전투에 투입될 만한 자질을 충분히 갖추고 있었음을 보여
주었다. 이들 사냥꾼은 전쟁이 발발한 지 2개월 만에 벌어진 우
현전투에 참여해 여러 번 왜군의 공격을 막아낼 정도로 최고의
무예 실력을 지니고 있었다.

거창의 산척들이 평소 직업인 사냥으로 활쏘기 등 무예를 연
마하지 않았다면, 불과 2개월 동안 익혀서 자기 고장을 방어할
수는 없었을 것이다. 특히 활쏘기는 몇 달간 연습한다고 익힐 수

있는 기술이 결코 아니었다. 더구나 아차 하면 자신의 목숨을 잃을 수도 있는 전쟁터에서 적과 싸울 정도의 실력을 갖추려면 더욱 많은 시간이 필요하다.

실제 활쏘기는 무과 응시생에게는 연마하는 데 가장 많은 시간이 필요한 과목이다. 일례로, 조선 후기의 무신인 노상추盧尙樞에게는 그러했다. 그가 문과를 포기하고 무과를 목표로 무예를 시작한 나이는 스물셋이었다. 그런 그의 무과 도전은 활쏘기에서 불합격을 받아 낙방으로 끝났다. 마침내 그가 무과에 합격한 것은 무과 준비한 지 13년 만이었다.[7] 물론 사람에 따라 다르겠지만, 노상추의 사례가 시사하는 대로 활쏘기는 아무리 집중적으로 훈련한다고 해도 한두 달 만에 익힐 수 있는 기술이 아니었다.

의병뿐 아니라 일선 군사 지휘관인 수령들 역시 전쟁 초기부터 왜군에게 맞서려고 정예 군인이나 다름없는 자기 고을의 사냥꾼들을 동원하여 전과를 올리기도 했다. 1592년 8월 초, 선조가 머물고 있는 의주로 온 신하들과 더불어 왜군과의 전투 현황 등을 논의하던 자리에서 나온 김경로金敬老의 보고는 이런 정황을 알려주고 있다.

왕이 이르기를, "감사의 계본啓本*을 보니 진주晉州를 우려하는

---

* 임금에게 큰일을 아뢸 때 제출하던 문서 양식.

뜻이 있었다. 그대들이 온 뒤에 혹 성이 함락되지는 않았을까?"라
고 했다. 김경로가 아뢰기를, "진주의 군사 6,000명이 성을 지키고
있는데, 세 면은 험한 지형을 웅거하고 있고 한 면으로만 적을 받으
니, 신이 보기에는 적이 함락시키지 못할 듯합니다."라고 했다. 신
점申點이 아뢰기를, "고성固城·사천泗川은 성의 함락이 용이합니다."
라고 하고, 김경로는 아뢰기를, "산척 등을 매복시켰다가 쏘았기
때문에 적이 감히 접근하지 못했습니다."라고 했다(《선조실록》, 선조
25년 8월 7일).

왜군은 경상도의 요충지이자 전라도로 진출할 수 있는 길목인
진주를 차지하려고 대공세를 펼쳤다. 진주성 공격에 앞서 왜군은
고성과 사천도 공격했는데, 성은 부실했지만 매복전을 펼쳐 방어
에 성공했다는 것이다. 이때 왜군을 격퇴시킨 주력이 바로 산척
이었다. 개전 초기 관군은 속수무책으로 무너져버렸다. 그러나
일부 전투에서 산척을 동원하여 전과를 거둔 것이다.

이들 고을의 의병장이나 수령이 사냥꾼을 동원한 것처럼, 전국
의 일선 군 지휘관들도 관할 지역의 사냥꾼을 소집하여 적과의
전투에 나섰을 것이다. 비록 문헌자료에서는 극히 일부 사례를
제외하고는 확인할 수 없지만 말이다. 앞서 살펴본 대로, 임진왜
란 직전 왕조의 군대는 지방군은 말할 나위도 없고 중앙군마저
도 사실상 무력화된 상태였으니, 평상시 사냥으로 단련된 전사인

1593년 평양성 전투 장면

산척이 임진왜란 당시 수령이든 의병장이든 일선 군 지도자들의 주목 대상이 된 것은 자연스러운 귀결일 게다.

왜군은 6월 중순 평양성까지 점령하였지만 더 이상 북상하지 못했다. 수군의 제해권 장악과 의병의 활약으로 병력 보충이 전혀 이루어지지 않았고 군수품마저도 제대로 보급받지 못했기 때문이다. 전선이 이처럼 교착상태에 빠지자, 안정을 되찾은 조정에서도 곳곳에서 선전하던 사냥꾼들을 활용하는 방안을 논의하기 시작했다.

/ 조정, 산척의 활용방안을 논의하다

수령이든 의병장이든 일선 군 지휘관은 물론이고 대신들까지도 사냥꾼들이 전사로서 출중한 능력을 지니고 있다는 사실을 잘 인지하고 있었다. 더구나 이들이 실전에서 전과를 올린 데 고무된 조정에서는, 우선 군비가 열악한 강원도와 같은 지역의 방어에 사냥꾼을 활용하고자 했다. 행정체계가 어느 정도 작동되고 있던 여타 도의 경우는 수령이나 의병장들이 사냥꾼들을 이미 모집했고 앞으로 징발할 수 있는 행정력도 갖추고 있어서 조정의 시급한 현안이 아니었기 때문이다.

일례로 1592년 11월 중순, 원군 파병에 앞서 명나라는 조선 조정에 조선 주둔 왜군의 병력과 병선의 규모 및 배치 상황 그리고 조선군의 군비 현황 등을 자세하게 물어왔다. 이에 따른 조정의 상세한 보고는 이듬해 1월에 이루어졌다. 그 내용을 보면 조정에서 파악한 전국의 병력은 모두 16만 8,400명이었다. 그중 강원도의 병력은 2,000명에 불과했다.[8]

조정으로서는 이처럼 병력 등 군비가 가장 열악한 강원도의 방비에 고심하지 않을 수 없었다. 강원도 다음으로 병력 수가 적은 황해도의 경우도 8,800명이나 되었다. 이래서 조정에서는 전국 팔도 중 무방비 상태나 다름없는 강원도의 방어에 그 지역 출신 산척을 활용하고자 했다.

> 임금이 이르기를, "그(김경내金景訥)가 평양으로 가고자 하니 그의 뜻을 따라주는 게 옳을 것이다. 강원도는 버려둔 지 이미 오래이니, 강신姜紳을 교체하고 류영길柳永吉을 보냈지만 어찌 일을 할 수가 있겠는가."라고 했다. 윤두수尹斗壽가 아뢰기를, "이전李戩이 '강원도 산골짜기에는 산척이 많다.'라고 했으니, 군사가 없는 걸 걱정할 일이 아닙니다."라고 했다(《선조실록》, 선조 25년 10월 19일).

10월 중순, 선조가 대신들과 더불어 명군의 파병 일정, 장수의 각 도 파견 등을 논의하는 와중에 나온 내용이다. 선조가 팔도 중 군비가 가장 취약한 강원도의 방비 문제를 걱정하자, 좌의정

윤두수가 산악 지역이라 산척이 많이 살고 있는 곳이니, 이들을 동원하면 그리 걱정할 게 없다고 답변한 것이다.

유성룡柳成龍도 거의 같은 방안을 선조에게 건의했다. "강원도는 경상·함경 두 도 사이에 끼여 있어서 산림이 험하여 도내의 군정은 비록 많지 않지만, 산골짜기에서 사냥으로 직업을 삼는 산척이라 하는 사람의 수가 적지 않습니다. 만약 많은 상으로 모으고 그 집안 식구를 넉넉히 구제하여 흩어져 있으면서 복병이 되어 낮이나 밤에 출몰하여 토벌한다면 북로北路로 왕래하는 적은 머리와 꼬리가 끊어지니 동남의 형세가 서로 통할 수 있습니다. 신이 생각건대, 서울을 수복하는 형세는 역시 3개의 진로로 나누는 게 마땅하겠습니다."9 유성룡의 제안은 서울 수복 작전을 건의하면서 강원도에는 병력이 부족하지만 산척이 많으니 이들을 동원하면 이곳을 방어할 수 있을 뿐만 아니라, 경상도에서 함경도로 가는 도로인 북로까지 차단하게 되어 함경도의 왜군을 고립시키는 효과도 거둘 수 있다는 것이었다.

1593년 1월 평양성을 수복하여 사실상 전세를 역전시키자, 조정에서는 그동안 소홀할 수밖에 없었던 여진족의 방어에도 대비하자는 논의가 일어났다. 이때도 토병, 비번인 겸사복 등 관군만으로는 부족하니 산척을 활용하자는 방안이 나왔다. 객병客兵과 대비되는 토병은 복무지 고을에 오래 머물러 사는 사람 가운데서 뽑은 군사이며, 겸사복은 국왕 호위 부대인 내금위內禁衛 소속

금군으로, 기마병으로 편성되었다.

사헌부가 아뢰기를, "……여진족은 군대를 끌고 깊이 들어가 누비면서 나오지 않으니 서쪽으로 돌격할 걱정이 반드시 없을 것이라고 보장할 수 없는데, 설한령薛罕嶺에 방어하는 군대가 없으니 매우 한심합니다. 들으니 강계 소속의 13보堡. 작은 성 내에는 방어가 긴요한 4~5곳을 제외한 기타 지역에 토병 및 그 지역 출신 내금위 겸사복이 그 수가 적지 않다고 합니다. 그리고 수많은 산척의 무리는 모두 말 달리고 활 쏘는 일을 직업으로 삼으니, 전쟁에 쓰기에는 가장 적합한데도 수령들이 사사로 비호하여 전혀 동원하지 않습니다. 속히 한 장수를 보내 엄격히 찾아내어 거느리고 가서 파수한다면 아마도 조금은 도움이 될 것입니다. …… 비변사로 하여금 상의해서 시행하게 하십시오."라고 하니, 임금이 따랐다(《선조실록》, 선조 26년 2월 7일).

실제 국왕의 지시를 받은 비변사는 "사헌부 계사대로 강계의 토병 및 그 지역 출신 금군을 남김없이 징발해서 설한령을 방어하는 일은 이미 거행했습니다. 그리고 '각 고을의 산척 수가 수백 명에 밑돌지 않는가.'라고 했는데, 지금 계사에 따라 일일이 색출할 것입니다."(《선조실록》, 선조 26년 2월 9일)라고 선조에게 보고했다.

평양성 전투에서 패배한 뒤 한반도 북부의 왜군은 모두 서울에 집결했다. 왜군 지휘부는 심각한 식량난으로 인해 서울에서 철수하기로 결정하고 도요토미 히데요시豊臣秀吉의 허락까지 받았다. 왜군은 조명연합군의 추격을 피하려고, 명군과 협상하여 4월 19일에 경상도 남해안으로 철수하였다. 조선의 반대에도 불구하고 명과 왜의 강화협상은 계속 이어져 정유재란이 발발한 1597년 7월까지 사실상 휴전상태가 유지되었다.

강화협상이 결렬될 것이라 판단한 조선 조정은 중앙에 훈련도감訓練都監을 창설하고 지방에는 속오군束伍軍을 설치하는 등 전력 강화에 온 힘을 쏟았다. 특히 포수를 중점 양성하여 왜군의 침략에 대비하였다. '총수銃手'라고도 불린 포수는 활을 다루는 사수射手, 창검을 쓰는 살수殺手와 더불어 삼수병三手兵의 하나였다. 한편 산성을 거점으로 청야전淸野戰*을 전개할 전략으로, 왜군의 진격을 저지할 수 있는 요해처에 산성을 수축하거나 조령鳥嶺 등 주요 요충지의 요새를 정비했다. 전란의 후유증으로 부진했지만, 공사는 영·호남만이 아니라 경기·황해도에서도 이루어졌다.[10]

조정에서 이렇게 산성 수축에 힘쓴 데에는 임진왜란 때 행주 산성을 비롯해 인천산성, 수원 독성禿城 등에서 승리를 거둔 사례가 있었기 때문이다. 한편으로는, 수군과 달리 육군은 왜군에 비해 매우 열세라는 전략적 판단에 따른 것이다. 즉, 조선군이 왜군

---

* 주민들을 성안으로 들이고 바깥의 들을 비워서(淸野), 보급을 차단하여 적에게 타격을 입히는 전술.

의 진출로 가운데 요해처要害處의 산성을 고수하여 적군의 예봉을 꺾고 그들의 보급로를 끊어, 적이 전진해도 싸울 곳이 없고 후퇴하더라도 약탈할 곳이 없어 스스로 물러가게 하는 방어전략적 고려에 근거를 둔 것이다.

왜의 재침을 예상하고 대비책을 마련하던 조정에서는 강원도의 방어 문제가 다시 제기되었다. 팔도 가운데 강원도가 군비가 가장 취약한 데다, 경상도 해안가에 농성 중인 왜군이 동해안을 따라 강원도를 침탈하고 서울로 진격해 올 수도 있다는 판단도 작용했다. 그런데 조정에서는 다른 도에 비해 재원이 미약한 강원도에서 자체적으로 요새, 즉 관방關防을 설치하여 방어하게 하기가 어려웠다. 하지만 강원도를 방어하지 못하면, 조령과 죽령竹嶺에서 저지하더라도 영동嶺東, 즉 대관령 동쪽을 넘은 왜군이 충청도를 걸쳐 서울로 쳐들어올 수도 있다는 우려가 컸다.

비변사가 아뢰기를, "나라를 지키는 요체는 지세를 얻는 데 있습니다. 우리나라 도성 앞뒤가 모두 장강長江으로 지세가 가파르거나 험하여 막히거나 끊어져 있으며, 동편에는 대령大嶺이 가로질러 뻗쳐 있습니다. 사람들은 조령과 죽령이 요새가 되는 줄만 알고 강원도의 영로嶺路 일대가 더욱 국경을 지키는 데에 긴요하다는 것을 알지 못합니다. …… 그 대략을 말하면, 원주는 죽령의 길목에 당해 있고 또 충주와 서로 의지하는 형세가 되어 국도의 상단에 위치했으니, 이곳에 요새를 설치하여 서로 책응策應하는 일이 가장 긴박합니다. 그다음은 영월寧越이 경상도의 영주榮州와 더불어 산마루 하나를 사이에 두고 읍을 이루었는데, 영로가 두 갈래로 나 있으니 이곳 또한 방비해야 합니다. 적병이 경상도의 영해寧海 연해를 따라 북상하게 되면 평해平海와 울진蔚珍이 가장 먼저 적을 받을 것입니다. 이곳을 만약 지키지 못하여 적병이 깊숙이 영동으로 침입하면, 추지령楸池嶺·미수파彌水坡·오색령五色嶺·백봉령白鳳嶺 등의 곳은 모두 영을 넘는 길이 될 것이니, 방비하지 않을 수 없습니다. 그러나 본도의 재력이 몹시 빈약하고 양식이 탕갈되어 짧은 기간에 곳곳마다 관방을 만들기에는 진실로 어려울 것입니다……"라고 했다(《선조실록》, 선조 29년 2월 1일).

전국 팔도 가운데 재정이 가장 빈약한 강원도가 짧은 기간에 추지령 등 여러 요충지에 관방을 설치할 수 없다고 판단한 비변사는, 이번에도 그 대안으로 도내의 풍부한 산척 인력을 활용하자는 방안을 제기하고 나섰다. 다행히 강원도에는 산척이 아주 많으니 이들을 요해처에 매복시켜 왜군의 침략에 대비하자는 방안이었다. 산척을 활용하여 강원도를 방어하자는 비변사의 이같은 제안은 역시나 국왕의 승인을 받았다.

거창 우현전투를 비롯한 여러 전투에서 사냥꾼들의 선전을 직접 경험한 조정에서는 강원도의 방어에도 사냥꾼들을 활용하는 대책을 세웠다. 조정에서 이런 방안을 고안한 까닭은 다른 도에 비해 재정이 크게 부족한 이유도 있었지만, 산간 지역이라는 지형적 특성상 강원도에는 전사 그 자체인 사냥꾼 자원이 상대적으로 풍부했기 때문이다.

/ 고관이 된 사냥꾼들

건국 초기부터 조선의 위정자들은 여진족을 막으려고, 또한 왜구의 침입을 방어하려고 산척들을 동원해왔다. 더구나 임진왜란 시기에는 산척 부대의 활약이 두드러진 만큼, 전공戰功을 세워 출세한 산척도 등장했다. 특히 임진왜란 이후 백정 가운데 전공을 세워 벼슬아치가 된 자도 많았다. 《송와잡설松窩雜說》*의 다음 기록은 이런 사정을 시사한다.

임진왜란 이래로 앞서 벼슬길에 나간 자가 무려 수만 명이었다. 그중에는 한량閑良, 직역(職役)이 없는 양반, 사족士族 이외에 서얼庶孼, 공사천公私賤, 백정 따위도 참여하지 않은 사람이 없었다.

---

* 조선 중기의 문신인 이기(李墍)가 지은 각종 글을 모은 문집(文集).

백정이 벼슬아치가 될 수 있는 방법이라고는 전공을 세우는 것 말고는 거의 없었다. 공사천, 즉 공노비 및 사노비 역시 마찬가지였다. 그러나 호랑이 사냥만으로도 벼슬길에 오른 백정은 이미 있었으니, 구체적인 인물로 황해도 서흥瑞興 출신 재인 한복련韓卜連을 들 수 있다. 그는 무려 호랑이 40여 마리를 잡았다. 다른 사냥감을 빼고도 말이다. 한복련에 관한 이야기는《세조실록》에 실려 있다.

> 서흥 재인 한복련이 임금에게 아뢰기를, "신이 이 지경에서 나서 자라 다른 기술은 없고 호랑이를 잡는 일로 직업을 삼았는데, 전후에 잡은 것이 무릇 40여 마리나 됩니다." 하고, 봉산鳳山으로부터 이후로 몰이하는 것을 문득 잡아 바치니 겸사복으로 임명하였다(《세조실록》, 세조 6년 10월 12일).

세조는 순행 도중 서흥에서 봉산에 이르는 여정에서 시행한 사냥에서, 호랑이를 잡는 데 이런 특출한 무재를 지닌 한복련을 시험하였다. 그가 시험에서 실제로 호랑이를 잡자 능력을 인정받아 겸사복(정3품~종9품)으로 특채한 것이다. 이들 겸사복은 최고의 무예실력을 지닌 만큼 호랑이 사냥에도 동원되었다.

사실 앞서 언급했듯이 백정은 법적으로는 양인 신분이지만 천인으로 취급받았다. 벼슬길에 오르는 것 자체가 거의 불가능에 가까웠다. 그런 그들이 출사할 수 있는 거의 유일한 길은 전공을 세우는 것이었다.

특히 임진왜란 후에는 백정 출신 사냥꾼 가운데 고위직에 진출한 자도 꽤 있었나 보다. 가령 "지금의 무장武將 가운데는 백정의 신분으로 겨우 출사하여 몇 해가 되지 않아서 참판參判의 품계品階에 오른 자들을 이루 다 셀 수 없다."라는 신흠申欽의 글[11]을 보면, 백정 중에는 참판, 즉 차관 직에 오른 인물도 꽤 많았던 것으로 보인다.

조선 중기의 문신인 신흠은 삼도도순변사 신립을 따라 충주 탄금대彈琴臺전투에 참가하였다. 이어 그는 도체찰사都體察使* 정철鄭澈의 종사관從事官으로 활약하기도 했다. 이처럼 여러 번 군정의 실무를 맡아본 경력을 지닌 인물인 신흠이 전공으로 참판 등 고위직에 오른 백정이 많았다고 한 증언이니, 사실에 가깝다고 할 수 있다.

백정 출신 사냥꾼을 비롯하여 천인도 임진왜란 와중에 전공을 세워 벼슬, 그것도 참판 같은 고위직에 오르니, 자기들만이 벼슬살이를 할 수 있다고 생각한 사대부들이 가만히 있을 리 만무했다. 양반들은 전공이 아무리 커도 노비와 같은 천인에게는 한품서용법限品敍用法을 적용하자고 떠들어댔다.

---

* 임금의 명령을 받아서 할당된 지역의 군정과 민정(民政)을 총괄하여 다스렸으며, 보통 하나 이상의 도(道)를 관할하였다.

조선시대 한품서용법은 신분과 직종에 따라 '품계를 제한'하여 벼슬아치를 등용하는 제도이다. 한품의 구애를 받지 않고 정1품까지 올라갈 수 있는 신분은 양반뿐이었다. 기술관은 정3품 당하관堂下官, 향리鄕吏는 정5품, 말단 행정 실무에 종사하던 서리胥吏는 정7품이 한품으로 되어 있었다.

조정 내에서 너나없이 한품서용법을 들먹이는 현실 속에서 군공을 전담하던 군공청軍功廳이 나설 수밖에 없었던 모양이다. 군공청은 "공천과 사천에 대해서는 적의 참수斬首가 1급級이면 면천免賤시키고, 2급이면 우림위羽林衛**를 시키고, 3급이면 허통許通***시키고, 4급이면 수문장守門將에 제수하는 것은 이미 규례規例. 일정한 규칙로 되어 있습니다."(《선조실록》, 선조 27년 5월 8일)라며 정리하였다. 적 4명을 벤 정도의 공이면 수문장을 시켜주는 것까지는 인정할 수 있다는 주장이다.

군공청에서 문제 삼고 나선 사항은 10명 이상의 적을 죽인 자에게는 문신만이 임명될 수 있는 문신의 벼슬자리에도 제수할수밖에 없는 군공과 관련된 규정이다. 즉, "적을 참수한 수급이 10~20급에 이르는 경우가 있는데 사목事目****대로 포상한다면 사노비와 같은 천인賤人이라도 반드시 동반東班. 무반에 대칭되는 말의 정

** 국왕의 친위 부대.
*** 지위가 다른 사람이나 집안끼리 서로 혼인 등 교통을 허락함.
**** 공사(公事)에 관하여 정한 규칙.

직正職. 정식 관직에 붙여진 뒤에 그만두어야 하니 관직 및 작위爵位의 외람됨이 이보다 더 심한 경우가 없습니다. 이뿐만이 아니라 재인·백정·장인·산척 등의 천류賤類라 하더라도 직급을 뛰어넘어 높은 관직에 오르고 있습니다. 바로 장오돌張吾乭과 같은 무리가 그런 따위인데, 여론이 온당하게 여기지 않고 있습니다. 어떻게 해야 하겠습니까? 대신과 의논하여 조처하십시오."(《선조실록》, 선조 27년 5월 8일)라는 군공청의 보고가 바로 그것이다.

한마디로, 규정대로 하면 적 10명 이상 참수한 공로가 있는 자에게는 문신이어야만 할 수 있는 벼슬을 주어야 하는데, 그 규정대로 해서 백정 같은 천인에게도 벼슬을 주면 신분질서가 무너지니, 천인에게는 규정에 따른 포상을 해서는 안 된다는 반론인 셈이다. 즉, 아무리 큰 전공을 세웠다 해도 백정 같은 천인에게는 문신의 관직을 주어서는 안 된다고 강변한 것이다.

사대부의 반발을 의식한 군공청이 백정과 같은 천류는 한품서용하자고 건의하고 나섰지만, 군공에 따라 벼슬을 받은 자들에게도 한품서용하자는 양반들의 오만한 주장은 법령에 위반된 것이었다. 더구나 전쟁이라는 특수 상황에서는 더욱 그러했다.

한품서용법을 둘러싼 조정의 의견이 분분했지만 법령상, 그리고 전시라는 특수한 상황에서 내려진 결론은 "이미 벼슬길에 오른 뒤에 한품서용하는 것은 사리事理에 맞지 않는 듯하다. 그리고 이런 때에 이와 같이 한다면 이들이 싸움에 임하여 누가 힘을 다

해 싸우려 하겠는가."(《선조실록》, 선조 27년 5월 8일)라는 선조의 지적
이 알려주고 있듯이, 전공자에게 모든 관직을 허용할 수밖에 없
었던 것이다.

四. 조총으로 무장한 산척, 산행포수

살상력과 명중률이 활을 압도하다 보니,
직업사냥꾼인 산척은 점차 활에서 조총으로 사냥도구를 바꾸게 된다.
이 조총으로 무장한 사냥꾼은 산척포수, 즉 산행포수로 불렀다.

앞서 산척이 사용한 목궁은 군사용인 각궁보다 두 배쯤 크고 그만큼 각궁보다는 파괴력이 컸다고 했다. 하지만 조총의 살상력과 명중률은 목궁이든 각궁이든 어떤 활도 압도했다.

구체적으로, 조총의 명중률은 조선의 활보다 5배나 높았다고 한 병서兵書에 기록돼 있다.[1] "오늘 내가 몸소 나가 재주를 시험할 때에 편전片箭*이 조총만 못한 것이 수 배나 되었으니, 옛사람이 '조총은 활보다 5배나 낫다.'라고 한 말이 믿을 만하다."(《선조실록》, 선조 28년 10월8일)라는 국왕의 지적은 이를 확인해준다. 또한, 조총의 높은 명중률 때문에, "왜의 총은 능히 나는 새도 맞힐 수 있기 때문에 조총이라고 한다."(《선조실록》, 선조 29년 1월 30일)라고 할 정도였다.

조총의 명중률이 높은 이유는 조준기가 달려 있는 구조적 특성 때문인데, 30미터 떨어진 곳에서 야구공 크기의 표적을 맞출

---

* 작고 짧은 화살로 날쌔고 촉이 날카로워 갑옷이나 투구도 잘 뚫는다.

수 있었다고 한다. 조총은 명중률만이 아니라 관통력도 뛰어났다. 조총은 구경에 비해 총열이 훨씬 길어 추진력이 강했으며, 화살에 비해 공기의 저항을 받지 않고 총알이 곧바로 날아가 관통력이 높았다. 구경이 15.8밀리미터 내지 18.7밀리미터인 조총의 최대 사거리는 500미터 이상이었다.[2] 사거리가 길고 관통력이 뛰어나서 살상력 역시 활보다 아주 강했다. 이처럼 살상력과 명중률이 활을 압도하다 보니, 직업사냥꾼인 산척은 점차 활에서 조총으로 사냥도구를 바꾸게 된다. 이 조총으로 무장한 사냥꾼은 산척포수, 즉 산행포수로 불렸다. 글자대로 산척포수는 산척 중 포수를 뜻한다.

/ 조총의 우수성을 인지한 당국

임진왜란 때부터 조총이 보급되기 시작했는데도, 전쟁이 끝나

조선 후기에 사용된 가장 대표적인 개인 휴대무기로, 방아쇠를 당기면, 화승(火繩)을 물린 용두가 화약접시(火皿)에 있는 화약에 점화함으로써 연통된 약실로 솟구치면서 발사된다.

고 한참 후까지 활을 사냥도구로 사용한 산척이 여전히 존재했
다. "신이 작년 3월에 전라도 후영장全羅道後營將으로 임명받아 내
려와 작성된 군적軍籍을 조사해보니 속오군 가운데 무과 출신出身,
산척, 산행포수 외에는 적을 대응할 만한 군사가 없습니다."(《승정
원일기》, 인조 7년 3월 8일)라는 기록을 보면, 산척은 임진왜란이 끝나
고 30여 년이 지난 1628년(인조 7년)에도 있었다.

이러한 산척의 존재는, 기존 연구 성과와 달리 조총의 제작과
보급이 그렇게 빨리 이루어지지 않았다는 사실을 알려준다. 기
존 연구들에서는 임진왜란 후에 조선 당국이 곧바로 조총 제조
기술을 습득하고 조총 보급에 착수한 것으로 파악하고 있다. 전
쟁이 일어난 이듬해인 1593년(선조 26년), 늦어도 1595년에는 조
총 제조 기술을 확보한 것으로 주장하고 있다.[3] 그런데 당시 연대
기만 면밀히 검토해도, 이 같은 견해들은 근거가 빈약하다는 사
실을 금방 알 수 있다.

"각종 화기 가운데 전투에 제일 필요한 무기는 조총이 으뜸이

요."(《선조실록》, 선조 26년 12월 2일)라는 비변사의 보고나 "조총은 천하의 신기한 무기神器이다…… 다만 처음 만든 것이라 제작이 정교하지는 못하다."(《선조실록》, 선조 26년 11월 12일) 중 "천하의 신기"라는 선조의 표현을 보면, 임진왜란 당시 조정과 국왕도 조총의 뛰어난 성능을 잘 인지하고 있었다. 따라서 국왕을 비롯한 위정자들은 조총을 제조해서 군대에 보급하기 위해 전력을 기울였다.

　　다만 위 인용문의 뒤 구절에서 알 수 있듯이, 당시 조선의 기술 수준으로는 조총 제조기술을 쉽사리 확보할 수 없었다. 앞의 비변사 보고 뒤 "각종 화기 가운데 전투에 제일 필요한 무기는 조총이 으뜸이요, 삼혈총통三穴銃筒이 그다음입니다. 하지만 조총은 제조하는 데 매우 공교로움을 요하기 때문에 잘 아는 정공精工이 아니면 제조하기가 어렵습니다. 삼혈총통은 제조하기가 그리 어렵지 않기 때문에 숙달된 야장冶匠이면 누구나 다 제조할 수 있습니다."(《선조실록》, 선조 26년 12월 2일)라는 내용이 이어 나온다. 이 기록을 보면, 당시 조정은 조총을 높이 평가했을 뿐 실제 제작하지는 못했다. 흔히 삼안총三眼銃이라고 하는 삼혈총은 세 개의 총신이 있어 세 발을 동시에 장전하고, 연속 세 발을 발사할 수 있는 무기이다. 개인용 화기인 삼안

3개의 긴 몸통을 세모꼴로 연결하여 4개의 철띠를 둘러놓은 형태이다.

총은 임진왜란 때 명나라에서 도입되었다.

비변사의 위 보고를 받은 선조는 "우리나라에서 만든 조총은 모두 거칠게 만들어서 쓸 수가 없다. 이제는 이렇게 하지 말고 왜인倭人의 정밀한 조총을 견본으로 삼아 일체 그 본보기대로 제조하게 해야 한다."라고 지시했다. 국왕마저 언급할 정도로 조정은 조총 제조에 큰 관심을 가지고 있었지만, 제대로 제조할 수 없었던 당시의 사정이 잘 드러난다. 그것은 조선의 철 주조기술이 일본에 비해 낮았기 때문이다. 그래서 국왕이 재차 일본제 조총을 본떠 실전에서도 사용할 수 있는 조총을 만들라고 촉구하고 나선 것이다.

이러한 현실은 "우리나라가 대략 만드는 법을 배워 만들기는 하였으나 모두가 쓸 수 없었다."(《선조실록》, 선조 40년 1월 4일)라는 선조의 푸념이 상징하고 있듯이, 선조 재위(1567~1608년) 말년에도, 조총의 제작에 성공하였다고는 해도 실전에 사용할 수 없는 무용지물에 불과했다. 임시방편으로, 조선군은 전쟁 기간 중에는 노획한 왜군의 조총을 사용할 수밖에 없었다. 실제로 임진왜란 중에 조선군은 왜군이 사용하던 조총을 다수 노획했을 뿐 아니라, 조총 노획 자체를 전공으로 간주하고 있었다.

경상우수사 원균元均이 전후 여러 차례 무기를 바쳤다. 이번에 또 보내온 크고 작은 조총이 70여 자루에 이르고 있으니 이것만 보아 임진왜란 당시 일본군이 사용한 조총.

도 그의 전공을 알 수 있어 매우 가상한 일이다(《선조실록》, 선조 27년
4월 23일).

문제는 노획한 조총을 전장에 곧장 투입할 생각은 하지 않은
채 전공으로 인정받으려고 국왕에게 상납했다는 점이다. 이처럼
상납된 조총은 국왕이 다시 전장에 내려 보내 사용하게 하였다.
"근래에 훈련도감에서 사용되는 조총은 모두 왜인의 물품을
거둔 것으로 그 숫자가 많지 않다."(《선조실록》, 선조 27년 3월 1일)라
는 기록이 대변하는 대로, 전쟁 중 노획한 조총의 수에는 한계가
있고 조선의 조총 제조기술은 계속 제자리걸음이었으니, 임진왜
란이 끝난 뒤에도 조선은 한동안 일본에서 조총을 수입해서 사
용하였다. 이런 사정은 "이번 회답사回答使* 사행使行에 해당 부서
에게 물건 값을 헤아려주게 하여 조총을 편리한 대로 다수 사들
여오게 한다면 적국의 병기를 배에 가득히 싣고 돌아온다 해도
참으로 거리낄 것이 없을 게다. 이 또한 한 가지 이로운 일이니,
아울러 의논하여 시행하도록 비변사에 말하라."(《선조실록》, 선조
40년 1월 4일)라는 국왕의 지시에서도 확인할 수 있다.

---

* 임진왜란 이후 조선과 일본의 외교 관계가 재개된 뒤 일본에 가는 사신 일행을 처음에
는 회답사라고 불렀다가 나중에 통신사(通信使)로 고쳤다.

/ 조총 보급의 기나긴 여정

조선의 조정이 "적국"에서 수입해서라도 조총을 확보하려 한 이유는 군사제도의 변화와 깊은 관련이 있다. 임진왜란 초반 연패를 거듭하면서 왜군의 뛰어난 전투력을 경험한 조정은 그들의 전력 핵심이 조총 부대임을 파악하게 된다. 심지어 선조가 "왜군의 장기는 조총뿐이다."(《선조실록》 선조 26년 윤11월 2일)라고 단언할 정도였으니, 조정은 조총의 도입과 더불어, 이에 적합한 군사편제를 강구하기에 이른다. 그 결과는 중앙의 훈련도감 설치와 지방에서의 속오군 편성으로 귀결된다. 이로써 왕조의 군사편제는 종래의 사수 위주에서 포수 위주로 바뀌었다.

훈국訓局이라고도 하는 훈련도감은 임진왜란이 교착 상태에 접어든 1593년 10월에 설치되었다. 주로 포수, 사수, 살수로 이루어진 훈련도감군은 애초 500여 명으로 출범하였다. 이들은 군사 1인당 1개월에 쌀 아홉 말의 급료를 받는 군사로 모집되어 교대 없이 근무하였다.[4](이전까지 조선군은 스스로 무기, 양식 등 경비 일체를 장만해야 했다. 이를 '경비자판經費自辦'이라고 한다.)

훈련도감군의 수는 1602년에 와서 훈련도감의 예산을 마련하기 위한 세금인 삼수미三手米를 거두면서 재정 기반이 일부 마련된 뒤 2,000여 명으로 늘어났다. 후금과의 관계가 악화되어 있던 병자호란 직전에는 5,000명을 넘어섰다. 이후 몇 차례의 변화가 있었지만, 왕조 말기까지는 대체로 5,000여 명 선을 유지하였다. 주력인 삼수병은 마병馬兵인 사수 7초哨* 833명, 포수 20초 2,440명, 살수 6초 738명 등 총 33초 4,011명이었다. 이처럼 조총의 중요성이 높아져 포수가 훈련도감의 주축을 이루었다.

훈련도감 창설에 이어 1594년부터 조정은 무너진 지방군의 재건에 착수하였는데, 서울에서 가장 가까운 황해도부터 시작해 1596년 말에는 거의 전국적으로 조직이 완성되었다. 도감군처럼 포수·살수·사수로 편성된 속오군의 수는 1636년(인조 14년) 평안도를 제외한 8만 6,000여 명에서 1681년(숙종 7년)에 이르면 전국의 속오군은 20여 만 명으로 급증하였지만, 그 뒤에도 병력 수는 큰 변동 없이 유지된다.[5] 장부상 그랬다는 말이다. 유독 1636년 통계에서 평안도 속오군이 제외된 까닭은 병자호란 때 평안도가 청군에게 철저하게 파괴되었기 때문으로 판단된다.

이들 지방 속오군은 물론이고 중앙군의 휴대 병기 중 포수의 조총만 관아에서 지급하였고 활 등 나머지 무기는 병사 개인이 사비로 구입하여 사용하였다. 관아에서 지급한 조총도 개인이 항상 휴대하고 있다가 속오군의 경우는 농사철이 끝나면 영장의 지휘 아래 연습하였다. 삼수병 중 포수에게 보급한 조총은 병기 따위의 제조를 맡은 관아인 군기시軍器寺와 훈련도감에서 제작하

---

* 보통 100명으로 이루진 군대조직 단위를 말한다.

였다.

조선 왕조가 어느 정도 조총 제작기술을 확보할 수 있게 된 시기는 광해군 때이다. 이런 사정은 "군기시와 훈련도감은 군기를 많이 만들되, 활과 화살, 창검, 조총 등의 물건은 일과로 정해 만들어 비치해서 위급할 때 사용할 수 있게 하라."(《광해군일기》*, 광해군 2년 1월 13일)는 광해군의 지시를 통해 가늠해볼 수 있다. 1592년 임진왜란이 일어난 지 거의 20년이 지난 1609년(광해군 2년)에 와서야 일과로 정해 날마다 만들 정도로 조총 제조는 일상적으로 이루어지게 된다. 광해군 재위(1608~1623년) 말년이 되면, 병기도감의 1년 생산량이 1,000자루에 육박했을 정도로 조선은 조총 생산에 박차를 가한다.

병기도감에서 아뢰기를, "전 군수 김응창金應昌이 임금의 재가를 받아 낭청郎廳의 임무를 수행한 지 이미 16개월이 지났습니다. 훈련 첨정僉正 이정배李廷培, 전 사과司果 윤여임尹汝任 등은 근무일이 김응창에게 미치지 못합니다, 하지만 그들이 감독하여 제조한 병

---

* 조선시대에는 신왕의 즉위와 함께 실록청(實錄廳)이라는 임시 기구를 설치하여 앞선 왕의 실록을 편찬했다. 실록이 아닌 일기(日記)도 있다. 《노산군일기》, 《연산군일기》, 《광해군일기》 등이 그것이다. 이들 왕은 왕위에서 폐위되었기 때문에 당초부터 실록청 대신 일기청을 설치하여 편찬하였다. 노산군은 숙종 때에 묘호(廟號. 임금이 죽은 뒤에 생전의 공덕을 기리어 붙인 이름)가 추존되었기 때문에 《단종실록》이라고 부르나, 묘호가 추존되지 않은 두 임금의 것은 일기라 부른다.

기는 조총이 900여 자루, 환도環刀가 600자루, 대포가 90문, 화전 火箭이 1,500개이고 갑옷과 투구가 모두 35벌입니다. 여러 가지의 병기도 보통 숫자보다 많은데 모두가 정교하고 예리합니다."라고 하였다(《광해군일기》, 광해군 14년 10월 30일).

이처럼 광해군 14년, 즉 1622년이 되면 병기도감의 1년 조총 생산량이 대략 1,000자루에 이를 정도로 많았으며, 성능도 뛰어 났다.

그런데 이렇게 일정한 규모의 생산이 가능해진 뒤에도 여전히 일본에서 조총을 대량으로 수입하였다.

비변사에서 아뢰기를, "경기도의 군사가 가장 정예하고 건장하 므로 안을 지키고 밖을 막는 데 관계되는 바가 매우 중대합니다. 하지만 경기의 물력이 피폐하여 기계를 마련해줄 수 없습니다. 이 번에 일본으로 회답사가 가는 편에 호조로 하여금 화사주花絲紬 수천 필을 장만해 보내 수천 자루의 조총을 사오게 하여 경기 군 사에게 나누어주어 교련하여 성취하게 하십시오."라고 하였다. 임 금이 이르기를 "아뢴 대로 하라. 환도도 사오도록 하라."고 하였다 (《인조실록》, 인조 2년 4월 24일).

이처럼 자체 생산이 가능했지만, 한 번에 무려 조총 수천 자루씩 일본에서 수입하고 있었다. 여전히 공급이 수요를 따라가지 못하기도 했지만 제작 기술이 일본에 미치지 못했기 때문이다.

외적을 방어하는 장비로는 조총을 사용하는 것보다 더 좋은 것이 없습니다. …… 지난해 역적 이괄李适이 항복한 왜인 몇 명을 앞장세워 싸우게 하였는데도 관군이 능히 당해내지 못하였습니다. 금년에도 안주安州와 의주義州의 싸움*에서 탄환을 맞은 자들이 모두 그 자리에서 죽었습니다. …… 우리나라의 조총은 견고하거나 정교하지 못하여 쉽게 파손되고 명중시키기 어렵습니다. 그러니 통제사統制使와 경상좌우병사慶尙左右兵使에게 수량을 배정해주어 그들로 하여금 왜총倭銃을 무역해오게 하십시오. 또 동래부사東萊府使로 하여금 세은稅銀을 풀어 왜총을 사오게 하고. 혹은 역관譯官들에게 배에 화물을 싣고 대마도對馬島로 가서 총을 무역해오게 하십시오. 이처럼 여러 방면으로 조치하면 조총 만 자루쯤은 수월하게 마련할 수 있을 것입니다.[6]

인조반정에 참여하여 공을 세운 이괄은 논공행상에 불만을 품고 1624년(인조 2년)에 반란을 일으켜 서울을 점령하였다가 곧 관군에게 패배하였지만, 사건 초기에는 반란군이 임진왜란 때 투항

----

* 이괄의 잔당이 후금으로 도주하는 와중에 일어난 사건.

한 왜인을 선봉에 세워 정부군을 압도했고, 그 까닭은 조총의 총
알을 맞으면 그 자리에서 즉사할 정도로 가공할 만한 조총의 위
력 때문이었다는 것이다. 반면, 인조 재위 초에도 우리나라의 조
총은 정교하지도 견고하지도 않았다. 그러니 일본에서 만 자루가
량 수입해서 무장하면 외국의 침략을 방어하는 데 충분하리라
는 것이었다.

또한, "신이 전에 이미 값을 주어 평안도에서 사오게 하였습니
다. 그러므로 조총은 많이 있습니다. 다만 화약이 부족하여 명국
에 사절단이 들어갈 때 세 차례 은자銀子를 보내서 사오게 했는
데 모두 허사가 되어버렸으니 한스럽습니다."(《승정원일기》, 인조 7년
3월 14일)라는 인조의 측근 이서李曙의 보고가 확인해주고 있는 대
로, 조총은 명에서도 수입하였다. 그러나 당시 명은 화약이 후금
으로 유입될 가능성이 있어 화약 수출을 금지했기에, 이서는 세
차례나 명나라에서 화약을 수입하려 했으나 실패하였다.

수입하였든 자체 생산을 통해서든, 인조 재위(1623~1649년)
말년에 와서야 중앙군은 물론이고 지방군에게도 조총이 거의 지
급되기에 이르렀다.

임금이 충청감사 윤득설尹得說을 불러 만났다. 총융사摠戎使 김응
해金應海가 부총관副摠管으로 입직하였는데, 역시 입시하라고 명하
였다. 임금이 윤득설에게 이르기를, "충청도의 인심이 근래 불순한

데 그대는 장차 어떻게 다스리려 하는가?"라고 하였다. …… 왕이
다시 김응해에게 묻기를, "그대가 막 총융사가 되어 지난번에 출장
가서 돌아보고 왔는데, 본 바가 어떻던가?"라고 했다. 대답하기를,
"죽은 군사의 자리를 아직 충당하지 못하였고 도망한 자도 많으
며, 대오隊伍를 만든 포수 5,400여 인 가운데 조총이 없는 자에게
는 훈련도감에서 800자루를 주었습니다만, 가장 모자라는 것은
탄환입니다."라고 하였다. 왕이 이르기를, "비변사를 시켜 여정목
餘丁木*을 내어주어 탄환을 장만하게 하라."고 하였다(《인조실록》, 인조
27년 2월 10일).

이로 보아 조총은 그 우수성이 위정자들에게 알려진 지 60여
년 만인 1649년(인조 27년) 무렵이면 중앙군은 물론이고 지방 속
오군 중 포수에게 거의 다 지급되고 있었던 것으로 판단된다. 그
때로부터 20년이 채 지나지 않은 1665년(현종 6년)에 이르면 조총
은 병력 수에 비해 초과 지급되는 상황에까지 이른다. "군병軍兵
과 군기의 수를 헤아려보니, 함경도의 포수가 5,049명이고 조총
은 6,499자루이다."(《현종실록》, 현종 6년 5월21일)라는 비변사의 보고
는 비록 국경지대인 함경도의 상황만 언급한 것이지만, 앞의 충청
도 사례까지 종합하면 전국적인 현상이라고 보아도 그리 문제는

---

* 여정餘丁은 나라의 군대 충원 계획에 따라 현역으로 징집하고 남은 장정을 가리키고,
이들이 현역에 복무하는 대신 바치는 포목을 여정목이라고 한다.

없을 것이다.

/ 산행포수의 등장

임진왜란 때 조총이 알려진 뒤 군인에게 모두 조총이 지급되
는 데까지 무려 60~70년이 걸린 실정이었으니, 조총을 사냥도구
로 사용하는 산행포수가 생긴 뒤에도 활을 사용하는 산척이 상
당 기간 존재할 수밖에 없었다. 이 때문에 조총 보급 이후에도 연
대기를 비롯한 왕조의 공식문서 등에서는 활을 사냥도구로 사용
하는 사냥꾼은 산척이라고 표기하고, 조총으로 무장한 사냥꾼
은 보통 산행포수라고 적고 있다.

산행포수를 줄여서 산포수山砲手라고 하거나, 그냥 포수라고 기
록한 경우도 있다. 또한, 관포수官砲手와 대비해서 사포수私砲手라
고도 하였다. 그렇다고 관포수와 사포수가 뚜렷이 구분되는 것은
아니었다. 군인으로 복무할 때에는 관포수이지만 사적으로 사냥
할 때는 사포수였기 때문이다. 특히 지방 속오군 중 포수는 규정
상 평상시에는 자신의 생업에 종사하다가 일 년에 몇 차례 소집
되어 훈련을 받는 정도였으니, 사실상 민간사냥꾼이었다.

어쨌든 임진왜란 이후 조총이 보급되면서 사냥꾼 중에서도 산
행포수가 점차 늘어나게 된다.

각 고을의 사포수 가운데에는 기량이 숙달되어 능히 명중시킬 수 있는 자가 곳곳마다 있다. 만약 이들을 능히 많이 모아 한 부대를 만들 수만 있다면 마땅히 무적의 부대가 될 것이다. 그러니 이들을 각별히 찾아내어 우선적으로 모집하는 게 좋을 것이다.[7]

　이 글은 조선 중기의 문신인 정경세가 1624년 이괄의 난 때 경상도 양반들에게 보낸 '의병 소집 격문' 중 일부이다. 이처럼 1624년 즈음에는 전국 곳곳에 산재해 있을 정도로 사포수, 즉 산행포수가 많이 있었다. 또한, "인조 갑자년(1624년) 초에 어영군을 설치했고, 연평부원군延平府院君 이귀李貴가 어영사御營使가 되어 서울 안에 포술砲術. 사냥을 직업으로 삼는 자 수백 명을 소집해서 교습하였다."(《현종개수실록顯宗改修實錄》, 현종 4년 11월 14일)라는 기록은 서울에만도 수백 명의 산행포수가 있었음을 보여준다. 이렇게 산행포수가 크게 늘어나는 현상은 서울에만 한정된 게 아니라 전국적인 추세였다.

　조영국趙榮國이 말하기를, "각 고을의 속오군이 전혀 모양을 이루지 못하고 있는데, 급할 때 믿을 만한 무리로는 산행포수만 한 자들이 없습니다. 비록 병자호란 때의 일을 말하더라도 유림의 김화 전투는 오로지 청주의 300명 산행포수의 힘을 입은 것입니다."라고 했다(《영조실록》, 영조 21년 4월 5일).

영조 때 중신인 조영국의 이러한 지적은 병자호란 때(1636~
1637년)에는 고을마다 많게는 300명 이상의 산행포수가 존재했
다는 사실을 방증하고 있다. 300명 이상이라 한 것은 당시 청주
의 산행포수 모두가 김화전투에 참여하지는 않았으리라는 전제
하에 표현한 것이다. 청주에 산행포수가 300명 이상 있을 정도이
니, 현재로서는 결정적인 자료를 찾을 수는 없다 해도 병자호란
무렵에는 산척 중 다수가 조총으로 무장하였다고 해도 그리 문
제가 될 것 같지는 않다.

조총을 소지한 포수는 그 명칭이 무엇이든 대부분이 산척 출
신으로 보인다. 그래서 산척 중에서 조총을 소지한 자를 애초에
는 산척포수라고 하였다. 앞서 인용했던 "하삼도의 감사와 병사
의 아병 및 각 읍 수령의 산척포수는 모두 병적이 있으며 그 수효
는 수천 명을 밑돌지 않는다."(《승정원일기》, 인조 14년 2월 30일)라는
기록은 이런 정황을 잘 보여준다.

이처럼 병자호란 무렵에는 직업사냥꾼 가운데 다수가 조총으
로 무장하게 되었다. 한마디로 산행포수가 된다. 조총이 널리 보
급된 이유도 있지만, 아무래도 사냥도구로서 조총의 명중률이
활보다 훨씬 높았기 때문이다.

변방 백성 중에 조총을 잘 쏘는 자를 보았다. 호랑이가 3, 4간間
쯤 있으면 비로소 발사하는데 명중시키지 못할 때가 없으니, 묘기

妙技라고 할 수 있다(《영조실록》, 영조 즉위년 10월 15일).

1간이 약 1.8미터에 해당하니, 이 산행포수는 사냥감인 호랑이에게 6미터가량 접근하여 조총을 발사한 것이다. 조선 전기 산척이 목궁으로 호랑이를 사냥한 까닭은 목궁의 파괴력이 각궁보다 큰 것도 있지만, 목궁의 사거리가 길어 사냥꾼의 안전을 조금이라도 더 보장할 수 있었던 데 있다. 그런데 조총을 사용할 때에는 그보다 훨씬 가까운 거리인 6미터 정도에서 사냥을 한 것이니, 이는 조총의 명중률은 물론이고 살상력도 활보다 훨씬 뛰어났기 때문에 가능한 일이었다. 이는 묘기라는 표현을 통해 짐작할 수 있는데, 조총 단 한 발에 호랑이에게 치명상을 입혔다는 뜻도 포함된 것으로 보인다. 한 발로 급소를 쏘아 치명상을 입히지 못하면 사냥꾼이 되레 사냥감이 될 가능성이 컸으니, 산행포수는 이 묘기라 할 만한 조총 사냥을 했던 것이다.

그렇다면 조선 후기 산행포수는 단지 조총이라는 뛰어난 무기 때문에 호랑이 같은 맹수를 잘 잡았던 걸까?

호랑이가 오기를 기다렸다가 발사하면 백발백중이니, 호랑이를 잡기는 참으로 어렵지 않다. …… 부령富寧의 장사 장제유張齊維는 훌륭한 포수로 소문이 났는데 호랑이를 만나기만 하면 번번이 잡았다. 그러나 그의 기술이 남보다 뛰어난 것이 아니요, 다만 담력이 있어 겁먹지 않았을 뿐이었다. 곰은 더 잡기가 쉬워서 고함을 치면 바로 사람처럼 두 발을 들고 앞으로 다가오는데 그 사나움이 호랑이보다도 더하다. 하지만 총을 겨누기가 쉬워서 다가오기를 기다렸다 쏘기만 하면 심장에 적중하여 고꾸라지지 않는 경우가 없다.[8]

위 인용문의 저자 성대중成大中은 문인으로, 사냥에 관해 잘 알지는 못한 듯하다. 그는 조총의 성능 덕분에 호랑이나 곰 같은 맹수 사냥이 그저 담력만 있으면 되는 것처럼 폄하했다. 그러나 조총의 성능이 아무리 우수하다 해도 사냥꾼 자신의 출중한 기술 없이 백발백중 명중시킬 수는 없다. 조총은 오늘날의 소총과는 달리 심지에 불을 붙이고 나서 일정 시간이 지난 뒤 발사된다. 6미터 정도의 거리에서는 아주 조금만 빠르거나 늦게 불을 붙이면 사냥꾼 자신이 먹잇감이 되고 마니, 고도의 솜씨를 가지고 있어야만 한다. 또한, 그런 맹수에 가까이 다가갈 수 있는 담력을 총만 가지고 있다고 해서 누구나 발휘할 수 있는 것도 아니다. 성대중이 언급한 함경도 부령 출신 장제유는 그 모두를 갖춘 뛰어난 사냥꾼임이 분명하다.

구한말 조선을 방문한 서양인 역시 산행포수의 빼어난 솜씨를 극찬할 정도였다. 앞에서 살펴본 대로, 호랑이처럼 덩치 큰 사냥감은 화살 한두 발을 맞아도 치명상을 입지 않는다. 호랑이는 화살 세 발을 맞고도 창으로 세 번이나 찔러야 제압할 수 있었다. 그런데 산행포수는 큰 어려움 없이 호랑이나 곰과 같은 맹수를 사냥하였다. 산행포수의 이러한 탁월한 능력은 샌즈의 증언이 단적으로 확인해주고 있다. 그는 취미생활을 하려고 고용한 사냥꾼, 즉 산행포수의 탁월한 능력을 다음과 같이 묘사하고 있다.

사냥꾼들은 먹지 않고서도 언제까지나 걸을 수 있었으며, 탁월한 숲속의 사람들이며, 낡은 화승총으로 목표물을 정확히 명중했다. 그들은 우리가 쇠파이프처럼 생긴 총으로 맞힐 수 있는 목표물을 놓치는 것을 보며 웃었다. 그들의 화승총은 손으로 혼합한 조잡한 검정 화약과 쇠를 망치로 두드려 만든 총알을 사용했다. 그들은 총신의 움푹 팬 곳에 고운 화약을 담고 그것을 오른쪽 팔에 감긴 긴 끈에 연결하여 불을 붙여 발사했다. 탄약은 소중하고 그들의 모난 탄알은 위협도 없고 착탄거리가 짧기 때문에 사냥꾼들은 호랑이나 곰에 가까이 다가가 몇 피트(1피트는 약 30.48센티미터) 떨어진 곳에서 사격을 한다.[9]

자신들은 당시로서는 최신식 소총을 가지고서도 사냥하는 데 실패한 반면에, 조선의 사냥꾼은 화승총이라는 낡은 총으로 불과 몇 피트밖에 떨어지지 않은 거리에서 호랑이와 곰을 사냥할 정도로 매우 훌륭한 사냥꾼이라는 것이다. 산행포수들의 출중한 사냥 실력은, 총을 다루어본 샌즈가 성대중의 폄하에 비해 훨씬 정확히 묘사했을 것으로 보이며, "탁월한 숲속의 사람들"이라는 샌즈의 표현이 그들의 솜씨를 함축하고 있다.

사정이 이러하니, 위정자들은 이제 산척보다는 산행포수들을 주목하게 되면서 전쟁 등 긴급 사안이 발생하면 이들을 곧장 동원하고는 했다.

五.

병자호란 때 산행포수, 왕을 지키다

각 고을의 속오군이 전혀 모양을 이루지 못하고 있는데,
급할 때 믿을 만한 것으로 산행포수만 한 자들이 없습니다.
비록 병자호란 때의 일로 말하더라도 유림의 김화전투는
오로지 청주의 300명 산행포수의 힘을 입은 것입니다.

임진왜란 전 조선의 군사제도는 중앙의 오위五衛, 지방의 제승방략 체제를 중심으로 유지되었다. 하지만 이 체제의 군사적 기능은 임진왜란 이전에 사실상 와해된 상태였다. 때문에 조선군은 전쟁 초기에 속수무책으로 당할 수밖에 없었고, 다만 수군과 의병의 활동이 왜군에 타격을 주었을 뿐이다. 이후 전열을 정비한 조정은 중앙에는 훈련도감을 설치하고 지방에서는 속오군을 조직하여 왜군과의 전쟁에 대처하였다. 이들 부대는 모두 포수 위주의 삼수병으로 편제되었다.

이러한 군대 편제는 고종 때 서양식 군사제도를 도입하기 전까지 유지되었다. 하지만 임진왜란 이후 극심한 재정난에다 인조반정, 이괄의 난 등에 따른 국내 정세의 불안과 혼란으로 군비를 증강할 수 없었다. 특히 지방의 속오군은 사실상 장부상의 군대에 불과했다.

조흡趙潝이 상소하기를, "신이 작년(1628년, 인조 6년) 3월에 전라도 후영장全羅道後營將으로 임명되어 내려와 작성된 군적軍籍을 조사해

보니 속오군은 무과 출신, 산척, 포수 외에는 적을 대응할 길이 없는데, 1등 군이 겨우 걸음이나 뗄 정도이고 2등 군은 모두 노약자들이니 어찌 적에게 싸우러 달려갈 리가 있겠습니까."라고 했다(《승정원일기》, 인조 7년 3월 8일).

이처럼 노약자로 구성된 2등 군은 말할 것도 없고 1등 군조차 행군조차 제대로 못할 정도인 속오군은 사실상 군인이 아니었다. 다만 무과 합격자인 출신, 사냥꾼 정도만이 적에 대항할 만한 실력을 갖추고 있었다는 것이다.

좀 과장된 표현이겠지만, 바로 이어지는 "서울의 포수들이 비록 날마다 훈련한다 하더라도 혹 그 재주를 이루지 못하는 경우가 있습니다. 하물며 봄, 여름, 가을 세 계절은 농사를 짓느라 훈련을 하지 않고, 다만 겨울 동안 한두 차례 조련을 하니 어찌 재주를 겸비할 수가 있겠습니까."라는 기록을 보면, 속오군은 전혀 전투 수행 능력을 갖추고 있지 않았다. 겨울철에 한두 차례 훈련밖에 할 수 없는 속오군 가운데는 전장에 투입되어 작전을 수행할 수 있는 전투능력을 갖춘 군인을 찾아보기 드문 것이 당연했다. 위 기록은 인조 7년에, 1627년(인조 5년) 정묘호란丁卯胡亂이 일어난 지 1년 후의 실정을 묘사하고 있는 것이니, 정묘호란 당시는 더 심했으면 심했지 덜하지는 않았을 것이다. 병자호란 뒤 속오군은 사실상 군복무 대신에 양인은 1년에 20말, 천민은 15말을 바치는 서류상의 군인에 불과했다.

/ 산행포수, 왕의 호위무사가 되다

위 인용문에서 "날마다 훈련"하는 "서울의 포수들"은 훈련도
감에 소속된 군인을 가리키는 것으로, 정묘호란 직전 조선의 상
비군, 곧 훈련도감군은 2,000명 정도에 불과하였으며, 그 밖에
즉시 전투에 투입될 정도로 전투능력을 갖추고 있었던 병력은 국
왕의 친위 부대인 어영군 1,000여 명 정도였다. 어영군은 광해군
을 몰아내고 집권에 성공한 서인 정권이 변란에 대비하기 위해
창설한 부대로, 창설 당시 어영군도 서울의 산행포수로 구성되었
다. 물론 국왕의 근접 시위는 금군이 담당하였다. 그러다 1624년
이괄의 난 때 3,000여 명에 불과한 반란군에 쫓겨 공주로 달아
난 인조는 자신을 호위할 어영군의 강화 필요성을 절감한다. 그
충원 대상은 역시 산행포수였다.

인조 갑자년(1624년) 초에 어영군을 설치했고, 연평부원군 이귀가
어영사가 되어 서울 안에 포술을 직업으로 삼는 자 수백 명을 소집
해서 교습하였다. 임금의 수레가 공주로 피난했을 때 다시 산군山
郡의 산척 가운데 포술에 정예한 자를 모집했는데, 대읍大邑은 7명,

중읍中邑은 4명, 소읍小邑은 2명씩 해서 합해 600여 인이 되었다
(《현종개수실록》, 현종 4년 11월 14일).

산행포수로 이루어진 어영군은 이괄의 난이 진압되고 인조가
서울로 돌아왔을 때에는 1,000명으로 늘어났다. 이렇게 불어난
어영군은 반란이 끝난 뒤에도 해산되지 않고 둘로 나눠 500명
씩 교대로 국왕의 시위를 담당하게 했다.[1] 이렇듯 당시 정규군이
라 할 수 있는 병력은 어영군 1,000명에 훈련도감군 2,000명이
고작이었다. 속오군이 사실상 군대로서 제 역할을 할 수 없는 실
정에서 이 정도의 병력만으로는 외국의 침략에 제대로 대응할 수
없었다.

이러한 상황에서 후금의 침략을 받게 된다. 바로 정묘호란이
다. 임진왜란으로 말미암아 명과 조선이 극도로 쇠락했을 때, 만
주에서는 누르하치가 여진족의 여러 부족을 통합하여 1616년 후
금을 세웠다. 1621년에 심양瀋陽을 함락하여 요동 지방마저 점령
한 후금은 동아시아의 새로운 패자로 떠올랐다. 그런데도 서인
정권은 친명배금親明排金의 외교 노선을 분명히 했다. 광해군은 재
위 동안 대륙의 정세 변화를 간파하고 신중한 중립 외교를 취하
여 후금과의 충돌을 가능한 한 피하려 했다. 반면, 광해군을 퇴
위시키고 새로 왕 자리를 차지한 인조는 명의 요동도사遼東都事 모
문룡毛文龍에게 군량을 제공하는 등 후금에게 침략의 명분을 주

었다. 요동을 빼앗긴 뒤 모문룡은 남은 무리를 이끌고 조선으로 도망쳐 와서 평안도 철산鐵山 일대에 주둔하면서 후금의 배후를 노리고 있었다. 더구나 서인 정권은 후금과의 사신 왕래조차 끊어버렸다. 이러니 후금은 더욱 조선에 대해 의구심을 갖게 되었고 침공의 기회를 엿보고 있었다.

이처럼 후금의 침공을 눈앞에 둔 조선 왕조였지만, 그에 대한 대비를 거의 하지 못하고 있었다. "병무를 총괄하는 판서가 군병의 숫자를 몰라서야 되겠는가."(《인조실록》, 인조 5년 1월 21일)라는 국왕의 개탄이 상징하듯이, 군사를 관장하는 병조판서가 병력 수, 그것도 지방군이 아닌 훈련도감군의 수조차 알지 못할 정도로 무능했다. 이런 상황에서 후금은 조선을 침공할 결정적인 빌미를 얻는다. 이괄의 반란군은 정부군에게 진압되었지만 그의 잔당이 후금으로 도망하여 반정의 부당성을 호소했다. 한편으로, 자신들은 겨우 3,000여 군사로 서울을 점령했다며 조선 정벌이 식은 죽 먹기라고 부추겼다. 이에 고무된 후금은 인조 즉위의 부당성을 구실 삼아 조선을 침공하였다.

1627년 1월 13일 압록강을 건넌 후금군 3만 명이 별다른 타격도 입지 않은 채 청천강 건너 안주安州을 함락하고 숙천肅川에 이르렀다는 보고를 받은 인조는, 24일 조정을 둘로 나누는 분조分朝를 단행했다. 세자는 국왕을 호위할 근왕병勤王兵을 징집하기 위해 전주로 갔고 인조 자신은 강화도로 피신했다.[2] 근왕병은 글자 그대로 왕에게 충성을 다하는 군사이다. 왕조국가에서는 국왕이 잡히면 곧 패전이기 때문에 백성의 생명 및 재산 보호 등보다는 국왕의 신변 안전을 최우선 사안으로 삼았다. 때문에 조정은 외국이 침략하거나 반란이 일어나면 곧장 근왕병 징발령을 내리고는 했다. 한편으로, 의주를 점령한 후금군의 일부는 철산의 모문룡을 공격했으나 그가 신미도身彌島로 도망감으로써 잡지 못했다.

/ 조정, 산행포수를 동원하다

후금군의 침략을 받은 조정은 임진왜란 때처럼 소집만 하면 전장에 바로 투입할 수 있는 사냥꾼을 우선적으로 동원할 수밖에 없었다. 임진왜란 이후 조총이 보급되면서 사냥꾼 중에는 조총으로 무장한 부류인 산행포수가 점차 늘어난 상황이었다. 따라서 조정은 이번에는 산척보다는 신식무기인 조총으로 무장한 산행포수를 아무래도 선호할 수밖에 없었다.

비변사가 아뢰기를 "경상도 각 고을의 사포수와 관포수 중 수령과 토호의 비호를 받아 속오군에 편입되지 않은 자를 본도의 감사로 하여금 조사해내 보내고, 선발되어 군중軍中에 있는 자는 그 처자를 보호하여 구휼하게 하십시오."라고 하였다. 임금이 그대로

의주 함락 후 후금 이동상황

따랐다(《인조실록》, 인조 5년 2월 21일).

강화도로 피신한 인조가 근왕병의 징발령을 하삼도에 내렸지만, 원하는 만큼 군사가 제때 오지 않자 인조의 질책을 받은 비변사가 내놓은 대책이다. 이처럼 조정은 근왕병으로 포수를 선호했지만, 수령 및 토호의 사역 동원 때문에 이들을 제대로 징발할 수 없으며 그 정도가 경상도가 심각하다고 판단해 경상감사에

게 은닉된 포수들을 찾아내서 강화도로 보내라는 조치를 취하자
고 건의한 것이다. 이렇게 조정에서 거듭해서 근왕병의 징발령을
내리자, 하삼도를 비롯한 전국의 각 도에서는 1만여 명의 군사를
모집하여 강화도로 보낸다.

> 비변사가 아뢰기를, "여러 도의 군병으로 강도江都. 지금의 강화에
> 와 있는 자가 수군이 5,500여 명이고 육군이 5,600여 명, 도합 1만
> 여 명인데, 수개월 머물다보니 굶주림이 이미 극도에 달했습니다.
> 농사철이 다가오는데 매우 민망합니다. 그들 중에 어영군 및 하삼
> 도의 산행포수는 그대로 머물게 하여 변란을 대비토록 하고 그 나
> 머지는 차례대로 돌려보내십시오."라고 하였다. 임금이 그대로 따
> 랐다(《인조실록》, 인조 5년 3월 28일).

후금군은 의주를 점령한 직후 보낸 국서에 조선이 반응을 보
이지 않자, 저항다운 저항도 거의 받지 않은 채 평양과 황주黃州
를 함락하고 정주定州에 이른 다음 두 번째로 화의를 제안했다.
당시 명과 소강상태에 있었지만 언제 전쟁이 재발할지 모르는 상
황에 처해 있던 후금은 조선과 장기전을 벌일 형편이 아니었다.
조선 역시 강화 이외에는 달리 선택할 방안이 없었다. 청천강 이
남의 안주 방어선마저 무너지자 이곳에서 도성에 이르는 지역은
거의 무방비 상태였으며, 하삼도에서의 징병도 여의치 않아 임진

강 방어도 수포로 돌아갔기 때문이다. 두 나라는 몇 차례 서신과 사신을 교환하면서 강화조약 조건을 협의한 끝에 3월 3일 정묘화약丁卯和約을 맺게 된다.[3] 잘 알려진 대로 조선이 후금을 형으로 모시고 조공을 바친다는 등의 조건이었다.

비록 강화조약이 체결되었지만 4월 8일에야 후금군의 주력 부대가 압록강을 건너 철수를 시작했기[4] 때문에 국왕 인조는 그 이후에 서울로 되돌아올 수 있었다. 국왕의 친위 부대인 어영군이야 국왕이 있는 곳에 머물러 있는 것이 당연한 일이지만, 위의 인용문을 보면 무슨 이유인지 산행포수까지 그대로 머물게 하였다.

산행포수도 강화도에 머물게 한 까닭은 "임금이 이번에 올라온 사포수를 어영군에 소속시키도록 명령했다."(《인조실록》, 인조 5년 4월 2일)라는 기록을 보면 알 수 있다. 인조가 직접 나서서 강화도에 주둔한 산행포수를 어영군에 편입시켜 충원하려고 머물게 한 것이다. 이처럼 인조는 어영군을 계속 확충해나갔다. 그것은 전쟁 와중인데도 자신의 신변을 보호해야 할 근왕병의 징발이 제때 이루어지지 않았기 때문이다.

인조는 서울로 되돌아온 뒤에도 자신의 친위 부대인 어영군의 대폭 증원을 지시했다. 역시 어영군 충원의 주 대상은 산행포수였다.

어영청이 아뢰기를, "어영군은 3,000명에 한하여 수를 늘려 모집하라는 명령을 받았습니다. 오늘날 외적을 방어하는 데는 총수나 완력이 남보다 뛰어나고 걸음이 기병과 겨룰 수 있는 자보다 더 긴요한 사람이 없습니다. 그래서 외방에서 사냥을 직업으로 하는 사포수 및 장건壯健한 연소자를 조사하여 문서로 정리하니, 그 수가 거의 1,260여 명이고 자원한 자도 650여 명입니다."라고 하였다 《승정원일기》, 인조 5년 8월 2일).

이어 어영청은 "반드시 한 번 더 수색하여 찾아내 그 용모를 보고 그 재능과 기예를 시험한 뒤에야 등용하거나 하지 않거나 할 것입니다. 그런데 허다한 인물을 조사해 찾는 일은 신설 아문(어영청)이 멋대로 할 수 있는 바가 아니고 반드시 의정부와 병조를 경유하여 각 도에 행회行會*하여야 일이 두서가 잡힐 수 있습니다. 황공한 마음으로 감히 여쭙니다."라고 보고하였다. 아무래도 어영청은 신설 관아이다 보니 조직이 잘 정비되어 있지 않고 힘도 없어서 자체적으로 할 수 없으니, 의정부 및 병조의 도움을 받아야만 전국적인 조사와 충원이 제대로 이루어질 수 있다고 건의하고 나선 것이다. 물론 어영청의 이런 제안은 국왕의 승인을 받아 시행되었다.

정묘호란 이후 조정은 후금의 재침략을 대비하려고 국왕 친위

* 관아의 우두머리가 조정의 지시와 명령을 부하들에게 알리고 그 실행 방법을 의논하여 정하기 위하여 모이던 일.

부대인 어영군을 증원했다. 훈련도감의 병력도 계속 늘어나, 병자호란 직전에 와서는 5,000여 명에 달했다.[5] 조정은 중앙군인 훈련도감 및 어영청의 군비 증강에 힘쓰는 한편, 경기 지역의 군사 가운데 정예군을 뽑아 수도 방어에 활용하는 대책도 마련했다. 유사시 강화도와 더불어 최후의 방어 거점이 될 남한산성의 수비를 전담할 군영인 수어청守禦廳을 창설한 조치가 그중 하나이다. 수어청에는 광주廣州 인근의 5개 고을의 군사를 비롯하여 자원이 풍부한 큰 고을인 원주, 대구, 안동 등지의 군사를 소속시켜 남한산성의 주변, 즉 경기 남부의 여러 진을 지휘하게 한 것이다. 그 병력은 1만 2,700명에 달했다. 북한산성의 방어를 전담할 총융청摠戎廳도 설치하고 그 병력도 증강했다. 1626년 윤10월에 경기 북부 지역의 군사 3,000명으로 출발한 총융청의 병력은 병자호란 직전 2만여 명으로 늘어났다.[6]

이러한 조치는 경기도 속오군의 동원체계를 원활하게 하는 동시에 남한산성, 북한산성, 강화도 등 도성 외곽의 수비를 견고하게 하려는 목적이었다. 문제는 훈련도감 군대는 상비군인 데 비해 총융청 및 수어청의 군인은 8교대로 순환 근무하는 예비군에 불과했다는 것이다. 다만, 유사시 2교대로 근무하는 어영군은 주로 산행포수로 구성되어 있어 비번 때도 사냥에 종사했기에 상비군이나 다름없었다(병자호란 뒤 어영군은 8번으로 나누어 겨울철에만 번상하였다). 문제의 심각성은 서북 방면의 방어체제는 거의 파탄 상태에 있었다는 데 있다. 정묘호란 때 청천강 이북 지역의 대부분 고을은 인구의 태반이 죽거나 떠나버려 병력 자원이 고갈되었기 때문이다.

/ 청나라 군대를 격퇴한 산행포수 부대

이렇게 정묘년(1627년)에 후금의 침략을 받아 국왕이 강화도까지 피난하는 일을 겪고 난 뒤에도 군비를 제대로 갖추지 못한 조선은, 청 태종이 이끈 약 13만 대군의 침략을 또 한 차례 받게 된다. 바로 1636년 12월에 일어난 병자호란이다. 국호를 청淸으로 고치고 군신의 관계를 강요하자 조선이 이에 반발하여 전국에 선전宣戰 교시를 내리고 대항하려 했기 때문이다.

12월 2일 심양을 떠난 청의 선봉 부대가 아무런 저항도 받지 않은 채 14일 개성을 통과했다는 보고를 받은 인조는 그날 밤에 다시 강화도로 피난을 떠났다. 하지만 국왕 일행은 도중에 청군에게 길이 막혀 하는 수 없이 남한산성으로 피신했다. 이어 강화도로 피신하려 했지만 얼음이 얼어 갈 수가 없어 남기로 결정했다.[7]

남한산성에서 항전하기로 결심한 인조는 12월 17일에 전국의 감사 및 병사들에게 근왕병을 모집하여 남한산성으로 집결하라

청군 이동 경로

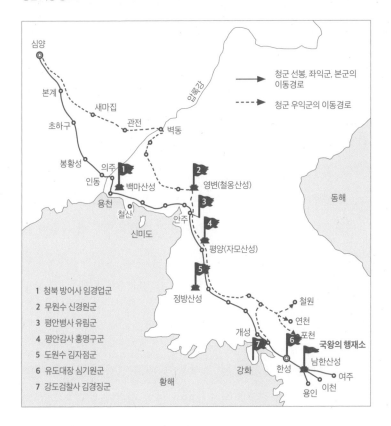

청군 선봉, 좌익군, 본군의
이동경로

청군 우익군의 이동경로

심양
본계
새마집
관전
초하구
벽동
봉황성
의주
인동
백마산성 1
용천
철산
신미도
안주
영변(철옹산성) 2
3
평양(자모산성) 4
정방산성 5
철원
연천
개성
강화
한성
황해
포천 6
국왕의 행재소
남한산성
여주
용인
이천
7

압록강
동해

1 청북 방어사 임경업군
2 무원수 신경원군
3 평안병사 유림군
4 평안감사 홍명구군
5 도원수 김자점군
6 유도대장 심기원군
7 강도검찰사 김경징군

는 명령을 내렸다. 국왕의 지시를 받은 각 도의 감·병사들은 각
각 근왕병을 거느리고 오지만, 이미 남한산성으로 향하는 길목
을 지키고 있는 청군에게 대부분 패배하고 말았다. 그나마 전라
감사 이시방李時昉이 이끈 부대가 수원 광교산光敎山 인근에서 적

장을 죽이는 대승을 거두었고, 평안병사 유림이 김화전투에서 승리했을 뿐이다.

병자호란 중 조선군이 승리한 단 두 차례의 전투 중에서 특이하게도 산행포수의 참전 사실을 서술한 기록이 남아 있는데, 김화전투 때 이들의 활약에 대한 단편적인 글이다. 앞에서도 인용한 글이다.

조영국이 말하기를, "각 고을의 속오군이 전혀 모양을 이루지 못하고 있는데, 급할 때 믿을 만한 것으로 산행포수만 한 자들이 없습니다. 비록 병자호란 때의 일로 말하더라도 유림의 김화전투는 오로지 청주의 300명 산행포수의 힘을 입은 것입니다."라고 했다 (《영조실록》, 영조 21년 4월 5일).

김화전투는 인조의 근왕 명령을 받은 평안감사 홍명구洪命耉가 유림의 부대와 합류하여 5,000여 명의 병력을 이끌고 남하하는 과정에서 일어났다. 이때 철원·연천·포천 등지에 주둔한 청군 6,000여 명은 강원도와 수도권 간의 통로를 차단하고 있었다. 1월 25일 김화에 도착한 평안도 근왕병은 청군을 격파하고 남한산성으로 진입하고자 했다. 감사와 병사는 부대 배치를 놓고 이견을 보여 논란 끝에 평지와 고지에 군사를 나누어 진을 설치하고 서로 협력하여 싸우기로 했다.[8]

1637년 1월 28일 청군은 일부 병력을 두 진영 사이에 배치해 유림 부대의 지원을 차단한 채 홍명구 진영을 먼저 공격했다. 홍명구 부대는 여러 번 공격을 막아냈지만 끝내 패배하고 말았다. 그날 오후 지리적으로 우세한 위치를 차지한 유림 진영은 청군의 세 차례 공격을 물리쳤다. 해질 무렵 네 번째 공격을 받았지만, 사전에 목책 밖에 배치해둔 포수의 일제 사격에 당황한 청군은 많은 사상사와 무기를 버린 채 도주했다.

　어떻게 해서 청주 출신 산행포수가 평안도에 배치되어 김화전투에서 큰 역할을 했는지 궁금하지 않을 수 없다. 산행포수를 어영군으로 충원하는 사업을 추진할 때 조정은 이들의 현황을 파악해서 병적부에 등록하는 사업도 함께 진행하고 있었는데, 저간의 사정은 이러했다.

　비변사에서 아뢰기를, "이달 29일 왕께서 비변사의 여러 신하를 불러 만났습니다. 이때 승평부원군昇平府院君 김류金瑬가 아뢴 내용에, '이번에 청 사신이 참람한 호칭 문제로 왔는데 우리나라가 이미 물리쳤으므로 반드시 머지않아 전쟁이 일어나게 될 것이니, 방어하는 데 전력을 기울여야 합니다. 부원수가 비록 내려가더라도 데리고 갈 병사가 없고, 도원수 또한 데리고 갈 병사가 없으니, 모두 병사 없는 장수입니다. 또한, 적을 상대할 방법은 반드시 우리나라의 장기長技를 가지고 저들의 단점을 제압하는 것인데, 지금

적의 형세는 포수가 아니면 당해낼 수가 없습니다. 어영군과 훈련도감 포수를 아울러 선발해야 합니다. 하삼도의 감사와 병사 휘하에 정예 포수가 있고 통틀어 5,000의 정예 병졸을 얻을 수 있으니, 용맹한 장수를 골라 이들을 거느리고 도원수에게 붙여서 안주安州에 파견하여 지키도록 하여, 적이 올 때 그 선봉을 격파한다면 바야흐로 큰일을 할 것입니다.' 하였다."라고 하였다(《승정원일기》, 인조 14년 2월 30일).

또한, "임금이 이르기를, '원임 대신(김류)의 말이 매우 좋다. 오합지졸이 아무리 많아야 무엇 하겠는가. 포수를 선발해 보내어 안주를 반드시 사수하도록 하라.'고 했습니다."라며 인조도 이러한 방안을 승인해서 세부 계획을 세우게 되었다.

신들이 김류와 파견할 수효를 서로 상의한 바, 어영군 포수 가운데 선발한 선운先運 3,000명 외에, 하삼도의 감사와 병사의 아병 및 각 읍 수령의 산척포수는 모두 병적부에 있으며 그 수효는 수천 명을 밑돌지 않습니다. 그중에 정밀하게 뽑으면 전라도와 경상도는 각각 600명, 충청도는 300명은 얻을 수 있고, 강원도 역시 산행포수가 있어서 100명은 얻을 수 있습니다. 여기에 훈련도감 포수를 400명 선발한다면 족히 5,000의 수효가 됩니다.

비변사의 이러한 제안이 그대로 시행되었는지 확인할 수는 없으나, 국왕의 승인을 받은 것으로 보아 어느 정도는 추진되었을 것으로 보인다. 이 같은 방안에 따라 충청도의 산척포수, 즉 산행포수도 선발하여 서북 지역에 배치하였는데, 그중 청주 포수 300명은 평안병사 유림의 진영에 배치된 것으로 판단된다. 이들 충주 출신 산행포수가 김화전투에서 승리를 이끈 것이다.

김화전투에 앞서 전라도 근왕병이 수원과 용인 사이의 광교산 인근 전투에서 승리를 거둔 일도 있었다. 근왕 명령을 받은 전라감사 이시방은 12월 29일에 6,000여 명의 군사를 모집하여 남한산성을 향해 진군했다. 다음 해 1월 4일 전라도 근왕군은 광교산에 진지를 구축하고 남한산성과 연락을 취하고자 했다. 이때 청군 5,000명이 총공격을 감행했다. 1월 5~6일에 걸쳐 일진일퇴를 거듭하는 치열한 전투가 벌어졌는데, 적장이 죽자 청군의 전열이 순식간에 흐트러졌다. 조선군은 이때를 놓치고 않고 총반격하여 청군을 크게 이겼고, 병력의 태반을 잃은 적은 결국 도주하고 말았다. 이 전투는 병자호란 중 청군과의 최대 전투이자 최초의 승리이기도 했다.[9]

청 대군의 침략을 받은 조선군은 큰 타격을 입히지 못한 채 속수무책 당하기만 하다 이렇게 두 차례의 전투에서 승리했는데, 그중 하나인 김화전투 승리의 주역이 바로 청주 출신 산행포수 300명이었다. 또한, 현존하는 문헌자료에서는 찾아볼 수 없지만,

아마 전라감사 이시방이 이끈 부대에도 산행포수가 포함되어 있었을 것이다. 바로 앞의 인용문 중 "하삼도의 감사와 병사 휘하에 정예 포수가 있습니다. …… 하삼도의 감사와 병사의 아병 및 각 읍 수령의 산척포수는 모두 병적이 있으며 그 수효는 수천 명을 밑돌지 않는다."라는 기록이 방증해주고 있다.

위의 두 차례 전투에서는 승리했으나, 각 도의 근왕병은 대부분 패배하여 남한산성에 고립된 국왕을 구원하는 데 힘이 되지는 못했다. 실정이 이러했으니 남한산성 안에서는 강화론이 일어나기 시작하고 점차 대세를 점해 나갔다. 예조판서 김상헌金尙憲 등 주전파의 강력한 반대에도 불구하고 인조는 끝내 지금의 송파구 삼전동에 있었던 나루인 삼전도三田渡에 나가 항복의 예禮를 행했다. 이로써 조선은 청의 요구대로 군신관계를 맺고 조공을 약속하는 한편, 명과 단교하고 명 정벌 때 원병 파견 등을 약속했다. 또, 두 왕자가 인질로 끌려가고 주전파 관리를 비롯하여 수많은 백성이 포로로 잡혀가는 비운에 처했다.

근왕병 활동 상황

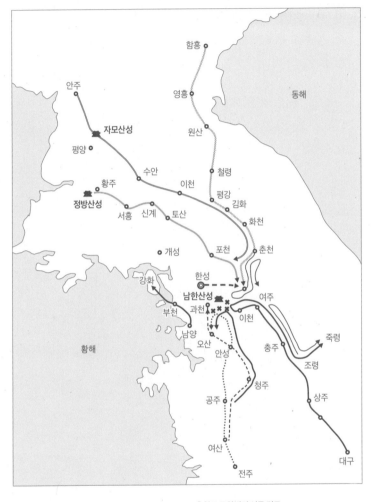

함흥

동해

안주

자모산성

평양

영흥

원산

수안

이천

철령

평강

김화

황주

정방산성

서흥 신계 토산

화천

개성

포천

춘천

강화

한성

남한산성

과천

여주

부천

이천

남양

오산

충주

죽령

황해

안성

조령

청주

공주

상주

여산

대구

전주

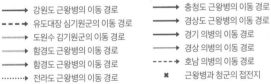

→ 강원도 근왕병의 이동 경로
⇢ 유도대장 심기원군의 이동 경로
→ 도원수 김기원군의 이동 경로
⇝ 함경도 근왕병의 이동 경로
→ 함경도 근왕병의 이동 경로
⋯→ 전라도 근왕병의 이동 경로

→ 충청도 근왕병의 이동 경로
→ 경상도 근왕병의 이동 경로
→ 경기 의병의 이동 경로
→ 경상 의병의 이동 경로
⇢ 호남 의병의 이동 경로
✖ 근왕병과 청군의 접전지

六. 민생의 수호자, 산행포수

위정자들이 '공공의 적 1호'로 지목할 만큼
조선시대에 맹수에 의한 피해는 치명적인 재앙이었기에,
백성들은 백성들 나름대로 최대한 예방을 해야 했고,
포수들은 맹수 포획의 선두에서 명성을 떨쳤다.

　　　　　　사실상 조선 왕조의 마지막 왕인 고종 시
절까지도 호환, 즉 호랑이에 의한 인명 및 가축 피해는 마치 오늘
날의 자동차 사고처럼 일상적인 현상이었다. 고종 재위(1863~1907
년) 동안 지방은 두말할 것도 없고, 당시 치안사정이 왕국 내에서
가장 나은 도성 및 그 인근 지역에서도 호환은 자주 발생하였다.

/ 도성 주민에게도 특권을 부여하지 않은 호랑이

　이런 실정은 "방금 삼청동三淸洞 북창北倉 근처에 호환이 있어
인명을 상하게까지 하였다는 말을 들었습니다. 그래서 장교를 보
내어 조사해보니, 과연 듣던 바와 같았습니다. 도성 안의 호환은
극히 놀랍습니다."(《승정원일기》, 고종 19년 12월 27일)라는 어영청의
보고에서 잘 알 수 있다. 다만 "도성 안의 호환은 극히 놀랍습니
다."라는 표현으로 보아, 도성 안에서는 호환이 그리 흔하게 일어
나지는 않았던 것으로 보인다.

그럼에도 고종 19년, 즉 20세기가 임박한 1882년까지도 교외가 아닌 도성 안의 주민조차도 호환으로부터 자유롭지 못했다는 사실은 분명하다. "하교하신 대로 창덕궁과 창경궁 안의 호랑이 흔적이 있는 곳에 솜씨가 뛰어난 포수를 보내었습니다."(《승정원일기》, 고종 8년 11월 26일)라는 기록이 알려주고 있듯이, 심지어는 궁궐 사람들마저 호랑이의 먹잇감이 될 수도 있었으니 말이다. 이 보고를 받은 고종이 포수를 보내 호랑이 포획을 지시했던 만큼 궁궐 안 호랑이 출몰은 사실이었을 가능성이 크다. 당시 국왕에게 허위 보고를 했다가 그 책임을 누가 감당할 수 있었겠는가. 이 소동은 조금만 부주의해도 금단의 땅인 궁궐에 거처하던 사람들 누구도, 심지어 국왕도 호랑이에게 특권을 부여받지 못했다는 사실을 환기해주고 있다. 구중궁궐에 거처하던 지존마저도 이러했으니 믿을 것이라고는 자기 몸밖에 없는 백성은 어떠했겠는가. 그것도 19세기 말까지 그러했다.

그로부터 닷새 후, "하교하신 대로 호랑이의 흔적이 있는 도성 안팎에 총을 잘 쏘는 포수를 파견하여 구역을 나누어 사냥하였습니다. 그 결과, 오늘 진시쯤에 창의문彰義門 밖의 옹암瓮巖 근처에서 어미 호랑이 한 마리를 잡았습니다."(《승정원일기》, 고종 8년 12월 1일)라는 총융청의 보고가 이어진다. 궁궐에 출몰한 호랑이를 잡으라는 국왕의 지시를 받은 지 5일 만에 도성 사소문四小門 중 하나인 창의문 밖에서 포획에 성공한 것이다.

물론 이때 잡힌 호랑이가 앞서 궁궐에 출몰한 그 호랑이가 아닐 수도 있다. 하지만 최정예 군사들이 물샐틈없이 경비를 서고 있던 궁궐에도 이렇게 호랑이가 나타난 것만은 사실이다. 당연히 도성 안 사람도 호환으로부터 결코 안전하지 못하였다. 도성 안이 호환의 안전지대가 아니었으니, 도성 밖의 사람은 말할 필요도 없었다.

훈련도감, 금위영, 어영청*이 아뢰기를, "숙정문肅淸門. 북대문 동쪽 응봉鷹峰. 지금의 성북구 웅봉동 근처 호랑이의 흔적이 있는 곳에 포수를 보내어 수색하면서 사냥하게 하였습니다. 그랬더니 오늘 유시쯤에 북악北岳 근처에서 중간 크기의 호랑이 한 마리를 잡았기에 삼가 바쳤습니다."라고 하였다(《승정원일기》, 고종 5년 9월 2일).

이어 "북악에 호랑이의 자취가 있는 곳에 포수들을 보내어 사냥하였는데, 오늘 미시쯤에 북악 상봉 동쪽 근처에서 새끼 호랑이 두 마리를 잡았으므로 삼가 바쳤습니다."(《승정원일기》, 고종 5년 9월 18일)라는 기록뿐만 아니라, 이틀 뒤에는 "북악의 상봉 동쪽 근처에서 새끼 호랑이 두 마리를 잡은 뒤 이어 계속해서 사냥하였

---

* 훈련도감, 금위영, 어영청을 합쳐 삼군영(三軍營) 혹은 삼군문(三軍門)이라 불렀다. 금위영은 1682년(숙종 8년)에 기존 병조 휘하의 부대와 훈련도감 소속의 훈련원 별대 등을 합쳐 창설되어, 훈련도감·어영청과 더불어 국왕 호위와 수도 방어의 핵심 군영이었다.

는데, 어제 유시쯤에 인왕산 아래에서 어미 호랑이 한 마리를 또 잡았기에 삼가 바쳤습니다."(《승정원일기》, 고종 5년 9월 20일)라는 기록이 알려주듯이, 북악산에서 20일도 안 되는 기간에 네 마리나 되는 호랑이가 나타나 잡은 것이다.

고종 시절에는 도성 안팎의 사람들이 호랑이뿐만 아니라 언제든 표범의 먹잇감도 될 수 있었다. "인왕산에 범의 자취가 있는 곳에 포수를 보내어 사냥하게 하였더니, 오늘 신시 무렵 인왕산 밑에서 큰 표범 한 마리를 잡았다."(《승정원일기》, 고종 5년 10월 4일)라는 기록에서 짐작할 수 있듯이, 당시 서울 사람들에게는 표범 역시 공포의 대상이었다. 《조선왕조실록》 등 왕조의 공식 문서에서 '호환'은 호랑이에 의한 피해만이 아니라, 표범에 의한 피해도 뜻한다.

훈련도감, 금위영, 어영청의 말로 아뢰기를, "삼계동三溪洞 근처에서 중간 크기의 표범 한 마리를 잡았고, 인왕산 밖 근처에서 중간 규모의 표범 한 마리를 잡은 뒤에 이어 사냥을 하였는데, 오늘 신시쯤에는 옥천암玉川菴 뒤쪽 봉우리 근처에서 중간 크기의 표범 한 마리를 또 잡았기에 삼가 바칩니다."라고 하였다(《승정원일기》, 고종 18년 10월 20일).

삼계동은 지금의 종로구 부암동 인근이다. 이처럼 표범이 서울

8폭 병풍 중 다섯째 폭. 산과 절벽을 배경으로 사냥하는 사람들의 군상이 그려져 있고, 사람들의 차림은 몽고풍이다. 활과 창으로 범을 사냥하는 모습이 담겨 있다. 첫째 폭 우상단에는 필자 행원(杏園)의 낙관이 있다.

여기저기에 출몰하였다. 이래서 삼군영의 포수들이 출동하여 하루 사이에 무려 세 마리나 포획한 것이다. 하루 동안 세 마리의 표범을 잡을 만큼 도성 주변에 표범이 많이 서식했고, 그만큼 서울 사람들은 표범에게 피해를 입을 확률이 컸다.

사실상 조선의 마지막 왕인 고종 시절에도 범이 빈번하게 도성에 출몰할 정도였으니, 조선 왕조 내내 호환은 백성에게 일상적인 현상이었다. 20세기가 임박한 시절에, 치안 상태가 가장 양호했을 도성 주민마저도 이러했으니, 호환은 조선시대 대부분 사람에게는 치명적이었다. 특히 지방에 거주하는 사람에게는 더욱 그러했다.

/ 밤에는 외출하지 못했던 조선 사람들

실제로 호환은 조선 후기에 와서도 초기와 마찬가지로 사람들에게는 재앙 그 자체였다. 왕조의 연대기 기록만 얼핏 살펴보아도 그 정도가 얼마나 심각했는지 바로 파악할 수 있다. 일단《일성록 日省錄》* 1778년(정조2년)의 호환 관련 기록을 살펴하면서 이야기를 시작하자.

* 1752년(영조 28년)부터 1910년까지 주로 국왕의 동정과 국정을 기록한 일기로, 모두 2,329책으로 이루진 방대한 문헌이다.

1778년 한 해 동안《일성록》에 수록된 각 도 관찰사의 호환 관련 보고를 대강 살펴보기만 해도, 지방에서 호환이 얼마나 자주 발생했는지 알 수 있다. 마치 오늘날의 자동차 사고처럼 말이다. 우선 3월 10일자에서 "간성杆城 등의 고을에 사는 유학幼學 최윤득崔允得 등이 호환을 당해 죽었다고 급히 알렸다."(《일성록》, 정조 2년 3월 10일)라는 강원감사의 보고를 찾아볼 수 있다. 이어 4월 4일 전라감사의 보고, 같은 달 25일 평안감사의 보고에서 각각 관할 지역의 주민들이 호환으로 죽었다는 내용을 확인할 수 있다. 5월에도 호환 관련한 각 도 관찰사의 보고를 몇 차례 찾아볼 수 있는데, 5월 11일 강원감사의 보고, 같은 달 13일 경상감사의 보고 등이 그것이다. 이렇게 호환 관련한 각 도의 관찰사 보고가 계속 이어지니, 정조는 "여러 도에서 올린 장계를 보니, 호환을 당해 죽거나 화재를 당해 죽은 백성이 끊이지 않고 발생하고 있다. …… 참으로 매우 놀랍고 참담하다."(《일성록》, 정조 2년 5월 13일)라며, 호환의 빈발에 매우 당혹해했다.

　호환이 자주 일어난 시기는 결코 정조 재위 기간에 한정되지 않았다. "이때 팔도에서 호환이 많아서 물려 죽었다는 보고가 잇따랐다."(《숙종실록》, 숙종 25년 윤7월 17일)라는 기록에서 확인할 수 있듯이, 이런 상황은 80여 년 전인 숙종 재위 때도 마찬가지였다. 정도의 차이는 있겠지만 조선 후기 내내 그러하였다.

　《일성록》을 비롯한 왕조의 공식 연대기에서는 조선 후기 지방

민이 당한 호환의 심각성에 관해서도 매우 구체적인 정보를 쉽게 찾아볼 수 있다. 가령 "강원도 낭천현狼川縣, 지금의 화천군에서 12인이 호랑이에게 물려 죽었다. 강원도에서 6~7년 이래로 호랑이에게 물린 수효가 300여 인의 많은 숫자에 이르렀다."(《숙종실록》, 숙종 27년 12월 23일)라는 기록을 보자. 강원도 한 도에서만 1년 평균 40~50명이 호랑이에게 죽음을 당하였다는 것인데, 미처 파악하지 못한 호환도 있었을 테니, 실제 그 피해 규모는 현대인의 상상력을 넘어선다.

한 번에 12명이 피해를 입은 낭천현에서 그처럼 희생자가 많이 생긴 까닭은 아마 그곳이 산악지역이어서 그랬을 가능성이 크다. 하지만 꼭 산악지역만 그러지는 않았던 듯하다. 그 근거는 바로 "의주義州에 호환이 날로 심해져 30여 명이 피살되었습니다."(《승정원일기》, 인조 9년 9월 8일)라는 평안감사의 보고이다. 산골이 아닌 의주에서도 무려 30여 명이 죽음을 당한 일로 보아서, 호환이 심한 해에는 산간지역이나 평야지대를 막론하고 한 고을에서만도 수십 명의 희생자가 발생했을 가능성도 크다.

이렇게 그 빈도가 잦고 피해규모가 큰 호환은 조선시대 지방 주민에게 천재지변이나 다름없었다. "이때 사나운 호랑이가 횡행하여 사람과 가축을 상해하였으므로 팔도 관찰사의 보고가 없는 날이 거의 없었으니, 여름부터 가을에 이르기까지 죽은 자가 모두 140인이었다."(《영조실록》, 영조 10년 9월 30일)라는 기록은 호환의 심각성을 다시 한 번 환기시켜준다. 이어 "이때 다른 도에 모두 호환이 있었는데, 영동지방이 가장 심하여 호랑이에게 물려서 죽은 자가 40여 인에 이르렀다."(《영조실록》, 영조 11년 5월 29일)라는 기록을 보면, 그다음 해에도 호환은 백성들에게 큰 피해를 입혔던 것이다. 이처럼 호환은 위정자들의 골칫거리가 되었음을 알 수 있다.

왕국 내에서 치안상황이 가장 나았던 경기도 주민에게도 호랑이는 결코 특권을 부여하지 않았다. "이때 경기지방에 호환이 심하여 한 달 안에 먹혀 죽은 자가 120여 인이었다."(《영조실록》, 영조 30년 윤4월 19일)라는 기록을 통해, 경기지방이 20여 년 전 영동지방보다 훨씬 참혹한 피해를 입은 사실을 확인할 수 있다.

물론 지금까지 예로 든 구체적인 기록들은 특히 호환이 심한 해이거나 지역의 사례일 것이다. 그렇기 때문에 특별히 왕조의 공식 문서에 기록되었을 테니 말이다. 그렇더라도, 정도의 차이가 있을지언정 조선 후기 사람들이 경기도를 비롯하여 전국 어느 곳에서나 언제든지 호랑이의 먹잇감이 될 수 있었다는 점은 분명하다.

이처럼 조선시대 호환은 그야말로 일상적인 현상이었다. 호환 때문에 사람들은 밤에는 외출조차 하지 못하였으니 말이다. 현재 고양시에 위치한 서오릉西五陵의 호환 실태를 살펴보고 온 선전관 宣傳官 김희金橲와 국왕의 대화 내용은 이런 사정을 잘 보여준다.

김희가 아뢰기를, "녹번鹿樊에서 모화관慕華館까지는 해가 진 뒤에는 사람들이 왕래하지 못한다고 합니다."라고 하였다. 왕이 이르기를, "언제부터 이러했다고 하던가?"라고 하였다. 김희가 아뢰기를, "평상시에도 이러했지만 요사이 더욱 심해졌다고 합니다."라고 하였다(《일성록》, 정조 7년 2월 6일).

서울과 경기에서도 이러했으니 지방에서는 말할 나위도 없었다. "호환은 을사년이나 경오년과 같이 심하지는 않지만 함흥 이북 지방에서는 아직까지 그치지 않고 있어서 행인들이 지금도 일찍 유숙하고, 나다니지 않습니다."(《승정원일기》, 고종 8년 12월 9일)라는 기록이 대변해주듯이, 20세기가 임박한 시절에도 지방 사람들은 호랑이에 대한 공포심 때문에 밤에는 돌아다니지 못하고 있었다.

/ 호랑이 포획에 나선 포수

사람들이 도성 안을 제외하고는 전국 어디서나 언제든 호랑이에게 죽음을 당할까 겁나서 여행은커녕 외출마저도 못할 정도였으니, 왕조 초기부터 위정자들은 호랑이를 비롯한 맹수를 '공공의 적 1호'로 지목하고, 산척을 동원해 호랑이 사냥에 나섰다. 그러나 조선 후기에도 호환의 공포는 여전했고, 이제는 포수를 동원하여 호랑이 포획 작전에 나서게 된다.

우의정 신완申琓이 아뢰기를, "근년에 사나운 호랑이가 사람을 물어 죽이는 환란이 전국에 두루 미쳐 있는데, 경기도 근처에 그런 환란이 더욱 심합니다. 청컨대, 삼군문의 포수를 보내어 그들로 하여금 잡게 하십시오."라고 하였다(《숙종실록》, 숙종 28년 1월 15일).

숙종 때 중신인 신완이 삼군문의 포수를 출동시켜 호랑이를 포획하자고 제안한 것은, 호랑이 포획에 따른 절차와 포상 등을 규정해놓은 〈착호절목捉虎節目〉*에 따른 것이다. 《비변사등록備邊司謄錄》에는 〈착호절목〉 2건(1699년, 1703년)이 수록되어 있는데, 두 건의 절목 중 1703년의 〈착호절목〉은 1699년의 내용을 약간 보완한 수준이다. 따라서 조선 후기의 〈착호절목〉은 사실상 1699년(숙종 25년)에 완비되었다고 해도 무방하다.

1699년 11월 12일 공포한 〈착호절목〉[1] 중 가장 중요한 규정은 호랑이 사냥꾼인 착호인에 관한 조항이다. 착호인 조항을 보면, 왕조 전기와 마찬가지로 중앙과 지방으로 나누어 모집, 관리하였다. 다만, 후기에 와서는 포수 중에서 착호인을 선발하였다. 중앙,

---

* 절목은 일종의 시행 세칙으로, 사목(事目), 계목(啓目), 별단(別單) 등으로 표기하기도 하였다.

즉 경기의 경우는 각 고을에서 호랑이가 출몰하여 삼군문 중 자기 고을에 속한 군영에 보고하면 해당 군영은 미리 선발해놓은 포수, 즉 착호인을 파견하여 잡도록 하고 있다.

삼군문에서는 잘 쏘는 포수 중 그 인원수를 정해 뽑고, 장교 중 용맹하고 건장한 사람을 가려서 정해둔다. 경기의 각 고을을 각 군문에 나누어 소속시키고 호환의 전말을 각 고을로 하여금 일일이 해당 군문에 즉시 보고하면 즉시 이들을 보내서 잡게 한다.

지방에서는 "여러 도의 각 고을에서는 군병과 산척포수 중에서 영솔할 만한 무사를 가려 임명하여 대령시켰다가 각 마을에서 호랑이의 종적을 찾아 급히 알리면 그 시간 내에 즉시 출발시켜 포획하게 한다."라는 기록이 알려주듯이, 각 마을에서 소속 관아에 호랑이가 나타났다고 보고하면 산척포수, 즉 산행포수와 군병 가운데 선발해놓은 착호인을 즉시 보내 사냥하게 하였다.

또한, 1699년의 〈착호절목〉에는 함정, 궁노 등으로 사냥하는 방법을 널리 보급하여 이용하게 하고 있고, 그물로 잡는 방법도 권장하도록 규정하고 있다. 그 밖에도 포획에 따른 포상 조항 등이 예시되어 있다.

함정, 그물 등으로 사냥하는 방법은 전문 사냥꾼인 산행포수가 아니라도 할 수 있는 사냥법이라 볼 수 있다. 이는 전문 사냥꾼이 아닌 사람들 역시 조금이라도 호랑이로 인한 피해를 줄일 수 있도록 자구책을 알려준 것으로 보인다. 그러나 함정 등을 이용한 사냥법은 호랑이가 스스로 오지 않으면 잡을 수 없는 소극적인 방식에 불과하니, 중앙이든 지방이든 어느 지역에 호랑이가 나타났다는 보고를 받으면 주로 포수를 동원하여 호랑이 포획에 나설 수밖에 없었다. 그러니 1702년(숙종 28년) 1월 15일에 우의정 신완이 삼군문의 포수를 동원하여 경기도의 호환을 제거하자고 주장한 것이다.

조선 후기에 와서 호환을 없애는 데 포수를 동원한 사례는 《조선왕조실록》 등 왕조의 공식 문서에서 흔히 찾아볼 수 있다. "이때 공릉恭陵과 순릉順陵* 두 능에 사나운 호랑이가 횡행하며 사람과 가축을 물었는데, 김진규金鎭圭의 말에 따라 군영의 포수를 나누어 보내 포위해 잡도록 하였다."(《숙종실록》, 숙종 38년 11월 19일)라는 기록이 그 단적인 사례이다.

지속적으로 조정이 포수를 동원하여 호랑이 사냥에 나선 이유는 오늘날의 통념을 초월할 만큼 호환이 당시 사람들에게 일상적인 현상이자 치명적이었기 때문이었다. 45년 뒤의 기록에도 나오는 "공릉·순릉에 호환이 있었으므로, 포수를 보내어 세 마

---

* 공릉은 경기도 파주시 조리면 봉일천리에 있는 조선 8대왕 예종의 원비(元妃) 장순왕후(章順王后)의 무덤, 순릉은 같은 봉일천리에 있는 성종의 원비 공혜왕후(恭惠王后)의 무덤이다.

리의 호랑이를 잡았다."(《영조실록》, 영조 33년 10월 16일)라는 내용은 포수에 의한 호랑이 포획이 효과적이었다는 사실뿐만 아니라, 한 번에 호랑이 세 마리나 잡을 수 있을 정도로 조선시대 한반도에 호랑이가 많았다는 점도 알려준다.

이렇게 포수를 동원하여 호랑이를 사냥하는 조치가 효율적이 었다는 사실은 "전생서典牲署*의 보고를 보니, 호랑이가 양의 우리 에 들어가서 양 두 마리를 물어서 해쳤다고 하기에 즉시 포수를 보내 포획하게 하였는데, 외종남산外終南山 근처에서 중호中虎 한 마리를 잡았습니다."(《일성록》, 정조 8년 11월 27일)라는 금위영의 보 고가 알려주고 있다. 또한 "본국本局의 포수 박성창이 외남산外南 山 근처에서 우연히 범의 자취를 보고 같은 초哨의 초군哨軍을 불 러 모아 표호豹虎 한 마리를 잡아 바쳤습니다."(《일성록》, 정조 7년 5월 22일)라는 훈련도감의 보고에서도 확인할 수 있다. 범의 흔적을 발견한 박성창이라는 포수가 곧장 소속 부대원들을 불러와서 범 사냥에 성공할 정도로, 포수에 의한 포획활동은 효과적이었다.

뿐만 아니라, 조선 후기에는 "근자에 들으니, 강릉康陵과 태릉 泰陵 근처에 곰의 피해가 많아서 왕왕 사람을 해치고 곡식을 손 상시킨다고 합니다. 포수에게 양식과 재물을 주어서 붙잡게 하 는 것이 좋을 듯합니다."(《일성록》, 정조 7년 9월 10일)라는 기록이 알

---

* 궁중의 행사에 쓸 가축 사육을 맡아보았던 관아로, 남산 등 도성 주변에 목장을 운영하 였다.

려주듯이, 곰에 의한 인명 및 농산물 피해 역시 심각하였다. 당시 사람들에게는 이렇게 범만이 아니라, 곰에 의한 피해도 치명적이었다. 따라서 웅환熊患의 제거 역시 위정자들에게는 매우 중요한 현안이었던 것이다.

훈련도감에서 곰을 사냥하였음을 들어 아뢰니 임금이 답하기를, "원주原州와 횡성橫城 경계, 제천堤川과 영동永同 지경에는 요사이 듣건대 곰이 나오는 근심이 아주 심하다고 한다. 때문에 따로 각 해당 고을을 단단히 타일러서 경계하여 기어코 잡아 없애어 민간의 피해를 제거하게 하도록 하였다. 때마침 경卿의 군영의 간단한 보고서를 보건대, 조정에서 지휘하기를 기다릴 것도 없이 포수들이 사사로이 사냥하여 잡아 오게 되었으니 아름다운 일이다. …… 곰의 근심거리가 있는 지방관들을 단단히 타일러 경계해서 기일을 정해놓고 잡아 없애도록 하라."고 하였다(《정조실록》, 정조 7년 9월 5일).

이 사례와 더불어 바로 앞의 훈련도감 포수 박성창의 예로 미루어 보아, 그 소속이 중앙 군영이든 지방 관아든 착호인은 상부의 명령 없이도 호환의 징후가 있으면 사전에 조치를 취하고 나서 보고해도 무방했던 것으로 판단된다. 당연히 비번일 때에는 직업사냥꾼답게 가족 부양을 위한 사냥이 산행포수들에게는 일상적인 활동이었다.

웅환이든 호환이든 그 피해가 얼마나 심각했으면 중앙 정부가 이렇게 절목을 제정하고 별도의 전문 부대까지 창설해서 맹수 사냥에 총력을 기울였겠는가. 이처럼 정부가 전면에 나섰다고 해도, 어쨌든 현장에서 호환을 제거하는 임무는 사냥꾼의 몫이었다. 호랑이를 포획하여 민생 안정에 기여한 주역은 바로 직업사냥꾼이었던 것이다.

"경군은 향군鄕軍만 못하고, 향군은 백발백중하는 산포수만 못하다."(《승정원일기》, 고종 8년 5월 21일)라는 고종의 평가를 보면, 위정자들은 산포수, 즉 산행포수를 가장 뛰어난 집단으로 인식하고 있었다. 국왕뿐만 아니라, 조선 후기 위정자들 사이에는 산행포수가 가장 뛰어난 사냥꾼이자 최정예 군인이라는 인식을 공유하고 있었던 것으로 보인다.

> 호조판서 오명항吳命恒이 또 아뢰기를, "신이 순찰할 때에 강변江邊의 7읍을 둘러보았습니다. …… 변방 백성 중에 조총을 잘 쏘는 자를 보았는데, 호랑이가 3, 4간쯤에 있을 때 비로소 총을 쏘는데 명중시키지 못하는 예가 없으니, 묘기라 할 수 있습니다."라고 하였다(《승정원일기》, 영조 즉위년 10월 15일).*

또한, 평안도 강계부사, 암행어사로도 활동한 경력이 있어 지방 실정에 남달리 밝았던 박영보도 "산포수는 서북西北이 최고입니다. 신이 일찍이 강계에 있었을 때 사슴 사냥하는 걸 보았는데, 쏘아서 맞히지 않은 예가 없었습니다. 단지 기예가 정교하고 능숙할 뿐만 아니라, 그 굳세고 당찬 모습이 진실로 강한 군사였습니다."(《승정원일기》, 고종 8년 5월 21일)라며, 전국의 산행포수 중 평안도 산행포수를 최고로 쳤다.

이렇게 평안도 포수의 탁월한 능력을 잘 인지하고 있던 조정에서는 도성 일대의 호환이 심각해지자, 실제 서북인 산행포수를 동원하여 호랑이 사냥에 나선 적도 있었다.

이때 근교近郊의 호환이 극심하였으므로, 삼군문에서 포수를 내어 호랑이를 잡도록 하였다. 비변사에서 아뢰기를, "무사 이정방李廷芳이 가장 용감하여 호랑이를 잘 잡는다고 이름이 났습니다. 청컨대 서북인을 모집하여 한 부대를 만들고, 이정방으로 하여금 영솔하도록 하십시오."라고 했다. 임금이 그대로 따랐다(《숙종실록》, 숙종 29년 11월 26일).

---

* 117쪽에 이와 동일한 내용의 인용문이 있고, 그 출처는 《영조실록》이다. 승정원은 국왕 비서실이라 할 수 있는 곳으로, 《승정원일기》는 왕의 일거수일투족을 기록한 비서실 일지라 할 수 있다. 한편 《조선왕조실록》은 정부 각 기관에서 보고한 문서와 여러 사초(史草), 《승정원일기》를 포함한 기관 기록물과 개인 문집 등을 정리해 기록한 것이다. 따라서 동일한 내용이되, 《승정원일기》의 기록이 《영조실록》의 기록보다 상세하다.

/ 자구책 마련에 나서야만 했던 백성들

앞에서 몇 차례 소개한 샌즈의 《조선비망록》 중에 다음과 같은 내용이 나온다.

제물포는 서울로 들어가는 유일한 항구였다. 내륙은 실로 매력적인 곳이다. 이 나라는 눈 덮인 모자와 같은 구릉의 나라이며 넓은 평원은 거의 없다. 내륙과 해안은 화강암이지만 조선의 오래된 명칭인 '고요한 아침의 나라'의 단조로움과 아름다움과 평화가 있었다. 이 나라가 왜 이토록 황폐한가에 대한 이곳 사람들의 설명은 참으로 한국적이다. 그들의 말에 따르면 가능한 한 외국 사람들을 낙담시키려고 연안은 황폐하게 되었으며, 내륙에는 호랑이를 몰아내려고 숲을 불살랐고 언덕은 그 정상에 있는 토양이 씻겨 내려 오래도록 헐벗겨 있었다.[2]

여기서 외국인에게 필요한 자원이 조선에는 아무것도 없으니 관심조차 갖지 말자는 얘기는 외국(인)에 대한 조선인의 공포심의 역설인 것이다. 잦은 외국의 침탈 및 침략, 심지어 청일전쟁처럼 자기끼리의 전쟁마저 버젓이 남의 땅에서 벌였을 정도였으니, 그 공포심은 말로 표현할 수 없을 만큼 실로 가공할 만한 수준이었다. 하지만 해안가에도 마을이 연이어 자리하고 있었으니, 이곳 주민 역시 내륙에서처럼 호환 예방책으로 숲을 파괴해버렸을 것이다. "외국 사람들을 낙담시키기 위해 연안은 황폐하게 되었"다는 말은 조선인다운 역설일 뿐이다.

물론 나름대로 당국은 호환을 민생 안정의 최우선 사안으로 간주하고 그 피해를 줄이려고 노력했지만, 호환은 자주 일어났다. 밤에는 여행은커녕 외출조차도 못할 정도로 일상적인 현상이었으니, 사람들은 그저 당국의 조치나 호랑이 사냥꾼의 포획행위만 바라볼 수는 없었다. 주민 스스로 자위수단을 강구해야만 했던 것이다. 범을 몰살시키거나, 호랑이의 서식지를 죄다 없애버리는 것이 완벽한 대책이었을 테지만, 그렇다고 한반도 전체 숲을 불태워버릴 수는 없었다. 또한, 범을 모조리 사냥해보아야 만주나 시베리아의 호랑이가 먹잇감만 있다면 언제든지 한반도로 들어올 테니 역시 완벽한 대책은 못되었을 것이다.

그나마 백성들 스스로 할 수 있는 효과적인 방법은 앞의 인용문처럼 자신의 생활공간 내의 숲을 없애버리는 것이었다. 호랑이의 서식지를 파괴한 것이다. 또한, 수풀이 없다 보니 그 먹잇감이 되는 짐승들을 줄이는 효과도 노린 것이다. 그 규모는 샌즈의 표현에 따르면, 국토를 황폐화시켰을 정도였다.

위 인용문의 이어지는 구절에서 조선인들의 또 다른 호환에 대한 자구책도 엿볼 수 있다. 다름 아니라 개를 과도할 정도로 많이 사육해서 방패막이로 활용하는 방식이다.

수많은 개가 낯선 사람을 노리고 있었다. 외국인의 입국이 거절되던 시절에 얼굴을 상주처럼 감추고 입국한 초기의 선교사들은 이 주인 없는 개떼의 공격을 받았다. 얼굴을 가림으로써 주민들을 속일 수는 있었지만 아무리 조용해도 이 개들을 속일 수가 없었다. 개항을 했음에도 외국인들은 이 토종개들을 미치게 만들었다.[3]

처음 조선 땅을 방문한 외국인들은 낯선 광경을 목격하게 되는데, 바로 지나치게 많은 개가 사육되고 있는 모습이다. 샌즈는 "주인 없는(야생) 개떼"라고 했는데 이는 그가 조선에 대한 지식이 많지 않았기 때문이지, 사실 주인 없는 개들은 아니었다. 1980년대까지만 해도 시골에서는 개를 풀어놓고 키웠다. 19세기 말 "어떤 이들은 집 밖으로 나와서 개들이 짖어대는 까닭을 알려고 살펴보았습니다. 그러나 저희는 앞만 보고 빨리 갔습니다. 그러니 그들은 의심이야 했겠지만 저희를 알아보지는 못했습니다. 언제고 여행할 때면 개들 때문에 고생합니다. 조선 사람들은 개를 많이 키웁니다."라는 리델의 경험담은 개떼 때문에 초기 선교사들이 치른 곤혹을 잘 보여준다.

마을의 개들은 호랑이 같은 맹수가 마을에 나타났을 때에 외국인 등 낯선 사람이 접근했을 때처럼 공격했을 것이다. 그렇게 해서 개들이 맹수를 몰아내면 다행이고 설사 개들이 희생될지라도 주민들에게는 호환에 대처할 시간을 벌 수 있으니, 개 사육이

나름대로는 주민들의 호환 예방책이 되었던 것이다.

　위정자들이 '공공의 적 1호'로 지목할 만큼 조선시대에 맹수에 의한 피해는 치명적인 재앙이었기에, 백성들은 백성들 나름대로 최대한 예방을 해야 했고, 포수들은 맹수 포획의 선두에서 명성을 떨쳤다. 한편으로 그들은, 앞서 살펴본 대로 임진왜란, 정묘호란, 병자호란 등 전쟁 때에는 국가의 수호자로서도 큰 활약을 벌였다.

七.
프랑스군을 격퇴하다

병력 2,000명이면 조선 정복도 가능하다고 자신만만했던
로즈가 이끈 프랑스 원정대는 호랑이 사냥꾼들에게 일격을 당한 뒤
10월 5일(양력 11월 11일) 한 달가량 점령했던 강화도에서 서둘러 철수했다.

1866년 병인양요丙寅洋擾 이전까지 조선에는 꽤 많은 천주교 신자가 있었다. 청국인 신부 주문모周文模의 입국을 시작으로 해서 선교사도 속속 들어와, 1863년이 되면 선교 활동에 종사하는 프랑스 출신 신부가 12명이나 되었다. 이들의 활발한 포교 활동으로 신자가 크게 늘어나, 1850년 1만 1,000여 명이던 신자 수가 불과 10년 만인 1861년에 이르면 배가 늘어나 무려 2만여 명에 달했다.

/ 프랑스군의 침입

이처럼 천주교 신자 수가 크게 늘자 당시 엘리트 집단 사이에서는 당국이 사교邪教로 규정한 천주교도를 반대하는 기운 역시 커지고 있었다. 그 결과, 1866년 2월부터 한 달 동안 9명의 프랑스 선교사와 함께 수천 명의 천주교도가 체포되어 죽음을 당했다. 이를 병인사옥丙寅邪獄이라 하는데, 프랑스는 선교사의 처형을 구실 삼아 책임자 처벌과 통상을 요구하며 강화도를 공격하였으니 이 사건이 바로 병인양요다.

병인사옥 당시 조선에 들어와 있던 프랑스 선교사 12명 중 9명과 많은 조선인 신도가 처형되었는데, 이때 화를 면한 세 명의 선교사 중 한 명이 앞서 언급한 리델이다. 그는 조선인 신자들의 적극적인 후원으로 탈출에 성공해 프랑스 극동함대 사령부가 있던 중국 체푸芝罘에 도착했다. 그런데 당시 극동함대 사령관인 로즈Pierre Gustave Roze 제독이 텐진天津에 있었기에 리델은 그곳으로 가서 로즈를 만나 박해 소식을 전하며 보복 원정을 촉구했다.[1] 보복을 결심한 로즈의 원정 계획을 보고받은 프랑스 해군성海軍省 장관은 조선 원정을 허락했다.

9월 3일, 로즈는 체푸를 출발해 조선 원정에 올랐다. 로즈는 휘하 함대 및 병력만이 아니라 일본 요코하마 주둔군까지 총동원했는데, 병력 규모는 군함 7척, 병력 1,000여 명, 함재艦載대포 66문이었다. 로즈는 리델 신부를 통역으로 삼고 세 명의 조선인 천주교도를 길잡이로 삼아 강화도로 향했다.[2] 9월 6일, 프랑스군은 군함 4척에 500여 명의 상륙 부대를 동원하여 별다른 저항을 받지 않은 채 강화도 북동쪽에 있는 갑곶진甲串鎭을 점령하고 이곳에 야영지를 설치했다. 이어 9월 8일, 프랑스군은 강화 수비대의 저항을 받았지만 피해를 거의 입지 않은 채 강화읍성마저 점령했다.

강화성은 원래 토성土城이었지만, 1677년(숙종 3년) 석성石城으로 복원된 이래 여러 번 개축과 보수가 이루어져 견고한 편이었다. 그러나 조선군의 무기는 프랑스군의 그것과 비교할 수도 없을 만큼 열등했다. 당시 조선군이 보유한 대포는 후장식後裝式 대포이고 대부분 구경口徑이 1인치 내지 1인치 반인 소구경포였다. 대포의 길이가 약 1.2미터이고 화약통에 화약을 장전하여 신관信管에 불을 붙여 발사하게 되어 있었다. 게다가 대포는 통나무 받침대에 고정되어 있어 기동성이 없었으며, 포탄도 터지는 게 아니라 탄환의 속도와 무게에 의하여 목표물을 명중시켜 타격하는 수준에 불과했다.

개인 화기인 조총, 즉 화승총도 마찬가지였다. 화승총은 표적을 향해 조준하고 있는 동안 다른 한 사람이 어깨 위에서 총신을 붙잡고 있어야 했으며, 장전하고 나서 불을 붙인 심지가 다 타야 발사되는데 그 시간이 꽤 소요됐다. 여기서 다시 한 번 사냥꾼의 솜씨에 감탄하지 않을 수 없다. 이렇게 조잡한 무기를 가지고 범을 사냥하려면 웬만큼 화승총 사용법에 통달하지 못하면 사냥꾼 자신이 먹잇감이 될 수 있었을 것이다. 그런데도 위정자들이 그들의 솜씨를 묘기라고 표현했을 정도로, 사냥꾼은 화승총 사용법에 통달했고, 지척에서 맹수와 대적할 만큼 상상을 초월한 담력의 소유자였다.

반면, 프랑스군은 사격 후 바로 장전하여 쏠 수 있는 소총으로 무장하고 있었다. 사정거리도 프랑스군의 소총이 500여 보步인 데 비해 화승총은 100여 보에 불과했다. 또한, 프랑스군은 소총 뿐만 아니라 대포도 조선군 대포에 비해 구경도 월등히 컸으며, 탄환도 오늘날의 대포처럼 목표물에 부딪히는 순간 폭발하여 큰 위력을 발휘하는 것이었다. 결국, 화력이 열세한 조선군은 큰 타격을 입고 강화성을 포기한 채 도주하고 만다. 이로써 도성의 관문이자 한강수로 입구의 요충지인 강화성은 불과 한나절 만에 프랑스군에 점령되고 말았다.

9월 9일에는 50여 명의 프랑스군 정찰대가 강화해협 건너 서울에 이르는 육로상의 요지인 통진부通津府를 습격하여 본토에

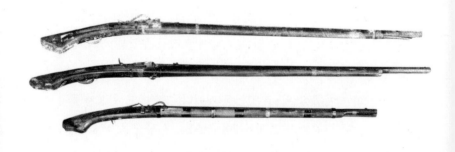

노끈에 불을 붙여 탄환을 발사하게 하는 무기로, 15세기 중엽 스페인에서 최초로 발명되어 한반도에는 일본을 거쳐 임진왜란 중에 처음 들어왔다.

강화도 군사시설 및 부대 위치

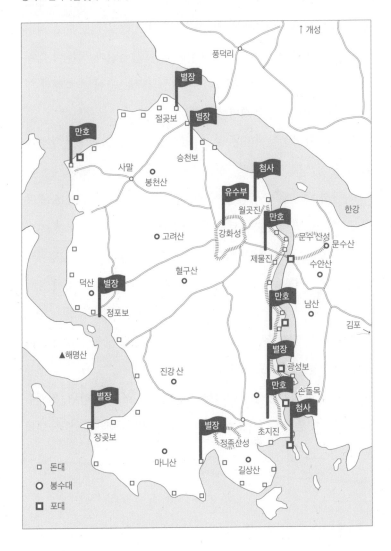

진출할 것처럼 양동작전을 펴기도 했다. 프랑스군 정찰대는 통진부를 약탈한 후 문수산성文殊山城 등 주변 지형을 정탐하고 다음날 갑곶 야영지로 돌아갔다. 문수산성은 갑곶진과 더불어 강화해협을 지키는 중요한 요새였다. 사실상 프랑스군이 강화해협 일대의 제해권마저 장악해버린 것이다.

강화도가 점령당했다는 보고를 받은 조정은, 9월 8일 훈련도감을 중심으로 총사령부 격인 순무영巡撫營*을 설치했다. 훈련대장 이경하李景夏를 순무영 총사령관인 도순무사都巡撫使에, 도순무사를 보좌하면서 전장을 총괄하는 부사령관인 중군中軍에는 이용희李容熙, 순무영 부대장인 천총千總에 양헌수梁憲洙를 임명했다(《병인일기》**, 9월 8일). 그 뒤 프랑스군에 대한 대응은 순무영이 중심이 되었다. 순무영을 설치한 바로 그날, 중군 이용희와 천총 양헌수는 선봉이 되어 보병 약 500명, 기병 약 100명 등 모두 600여 명의 병력을 거느리고 통진부로 출정했다(《병인일기》, 9월 9일). 선봉대는 프랑스군의 공격에 대비한 경계태세를 갖추는 한편, 병력을 강화도로 이동시킬 수 있는 배를 구하기 위하여 백방으로 노력하였다.

---

* 전쟁이나 반란 때 군무(軍務)나 민심 수습을 맡기 위해 임시로 설치한 군영.
** 양헌수가 병인양요의 전 과정을 일기 형식으로 기록해둔 책이다. 즉, 프랑스 함대의 조선 원정이 시작된 9월 3일부터 정족산성에서 패하고 나서 함대가 철수한 10월 26일까지의 50일 동안의 진중일기(陣中日記)이다.

이렇듯 조정이 순무영을 중심으로 프랑스군에 맞서 싸울 때 실질적으로 조선군의 주력 부대는 포수, 정확히는 산행포수였다. 당시 총수인 포수, 칼 혹은 창으로 무장한 살수 그리고 궁수인 사수로 구성된 정부군은 병인양요 때 별다른 역할을 하지 못했다. 당시 도성 경비와 국왕 호위를 담당한 몇몇 친위 부대를 제외하고는 군인다운 군인은 사실상 존재하지 않았기 때문이다.

우의정 유후조柳厚祚가 아뢰기를 "대체로 정병精兵과 날카로운 무기는 (산행)포수만 한 것이 없습니다. 이른바 중앙군의 포수는 다만 쌀과 베만 축내고 있을 뿐이고, 적을 막는 병사라고 하기에는 부족하여 갑자기 일이 있게 되면 소문만 듣고도 도망하여 실로 쓸 만한 자가 없습니다. 이번의 일(병인양요)을 가지고 말하더라도 지방에서 온 (산행)포수들이 각각 한쪽을 담당하여 마침내 서양 오랑캐(프랑스군)를 멀리 도망가게 하였습니다. 이는 평소 사냥터에서 기예

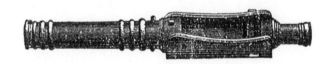

탄환을 포신의 뒤쪽에서 장전하는 방식의 대포이다.

를 연습하여 이와 같은 공력에 모두 이르지 않은 사람이 없기 때문입니다."라고 하였다(《비변사등록》, 고종 3년 10월 30일).

병인양요 때 조정의 중신으로 당시의 상황을 꿰뚫고 있던 유후조는 변란에 대처하는 데 산행포수만 한 집단이 없다고 단언한 반면에, 중앙군의 포수는 봉급만 축내는 존재로 표현할 정도로 무늬만 군인에 불과하다고 비판했다. 이러니 평소 사냥터에서 사격솜씨를 익힌 산행포수를 동원하여 프랑스군을 몰아낼 수밖에 없다는 것이었다. 이들 산행포수는, 병인양요 때 통역으로 참전했던 리델 신부나 신미양요辛未洋擾 때 참전한 미군들이 '호랑이 사냥꾼Chasseur de tigre, Tiger Hunter'이라고 부를 정도였다.

병자호란 이래 200년 동안 평화 시기를 구가하던 조선 왕조는 외국의 침략에 대비할 만한 군비를 제대로, 아니 거의 갖추고 있지 못하였다. 철종 재위(1849~1863년) 말년 무렵 조정이 파악한 총 병력 수는 10만 6,000여 명이었지만 실제 병력 수는 3만 8,000여 명에 불과하였고, 나머지는 군적, 즉 병적부에 등재만 되어 있을 뿐이고 실제 동원이 불가능한 병력이었다. 심지어 실제 훈련에 참가한 군사들도 대리로 참가한 노약자가 대부분이었다.[3]

실정이 이러했으니, 과연 정부군 중 전투를 치를 능력이 갖춘 군인이 얼마나 있었겠는가. 따라서 순무영은 병력 동원에 박차를 가했다. 곧바로 군사를 모집하기 위해 각 도에 소모사召募使를 파견했다. 이때, 살수와 사수 위주로 편성된 훈련도감 소속 군사 중심으로 구성된 순무영이 가장 보충하고 싶어한 병력은 포수였다. 이에 순무영은 경기·황해·강원감사에게 산행포수를 동원하라는 관문關文*을 내려 보냈다.

서로 견주어 고찰할 일. 지금 서양 오랑캐가 강화도에 불쑥 들어와서 바야흐로 멋대로 걷잡을 수 없이 퍼져나가고 있다. 그 막을 방법은 총수가 많은 것만 한 게 없다. 이에 관문을 보내니 도내道內 각 고을의 산행포수가 머무는 곳마다 가서 한 사람 한 사람에게 알려줘 스스로 각자 총을 가지고 오게 하되, 따로 장교를 정해서 명부를 작성하고 밤낮없이 거느리고 와서 순무영에 넘겨야 한다. 아주 작은 소홀함이 있더라도 군법으로 처벌할 것이니, 매우 신속하게 거행할 일.

이 전령은 《순무영등록》 9월 9일 자에 실려 있다.** 전령 중 "그 막을 방법은 총수가 많은 것만 한 게 없다."라는 표현은 총수, 곧

* 상급 관아에서 하급 관아로 보내던 공문서.
** 《순무영등록》은 병인양요가 끝난 후 의궤청(儀軌廳)을 설치해서 순무영과 관련된 자료를 정리한 책이다. 관례상 조선시대에는 왕실과 조정의 국가적인 행사(일)가 끝난 뒤에는 임시관청인 의궤청을 설치하여 그 일의 전반을 상세히 기록한 책을 출간했다.

포수*에 대한 순무영의 기대가 그만큼 컸다는 점을 보여준다.

/ 정족산성에 모인 산행포수들

"호랑이나 곰에 가까이 다가가 몇 피트 떨어진 곳에서 사격을 한다."라는 고종 황제의 고문 출신인 샌즈의 증언[4]처럼, 당시에도 역시 산행포수, 즉 사포수들은 아주 용감하며 출중한 사격솜씨까지 소유한 뛰어난 전사이기도 했다. 위정자들은 임진왜란과 병자호란 때 혁혁한 전공을 세운 인물 가운데 사냥꾼이 많았다는 역사적 선례를 잘 알고 있었다. 이러니 순무영에서는 프랑스군이 침략해오자 즉시 각 도의 관찰사에게 각 고을의 사포수를 동원하라는 명령을 내린 것이다.

특히 순무영은 평안도와 함경도 출신의 포수들에게 큰 기대를 걸었다. 평안도와 함경도는 산악지대이다. 그 지역의 산골 고을들에는 그때까지도 호랑이가 많이 서식하고 있었고, 따라서 산행포수의 수나 능력이 더 뛰어났기 때문이다. 따라서 순무영에서

---

* 당시 공식문서에는 화승총으로 무장한 총수는 보통 포수로 표기되어 있다. 하지만 앞서 얘기했듯이, 사포수와 관포수는 엄격히 구별되지 않았다. 사포수가 군대에 소집되면 관포수가 되고, 소집 해제되면 직업사냥꾼인 사포수, 즉 산행포수가 된 것이다. 당시 지방군은 두말할 나위도 없고 중앙군마저 유명무실했기 때문에 관포수는 사실상 존재하지 않았다고 해도 무방할 것이다.

는 평안·함경감사에게 "도내의 강계포수는 본시 사격술이 뛰어나고 감영·병영 및 모든 산군 역시 반드시 좋은 포수가 적지 않을 것이다. 관포수와 사포수를 분간하지 말고 그중에서 총 잘 쏘는 자 1,000명을 뽑아서 아주 빨리 순무영으로 올려 보내라."(《순무영등록》, 9월 9일)는 전령을 내려 보냈다.

별도로 순무영은 서울 인근인 경기·강원도의 각 고을 수령에게는 감사를 거치지 않고 바로 "본읍本邑에서 평소 사격술이 좋다고 일컫는 자는 관포수와 사포수를 가리지 말고 일일이 소집하되, 각기 항시 사용하는 자기의 총과 화승을 지참하게 하고 명부를 작성해서 장교를 정해 거느리고 와서 순무영에 넘겨야 한다." (《순무영등록》, 9월 9일)라는 전령을 내려 보냈다. 아무래도 감사나 병사를 거치게 되면 그만큼 시일이 소요되니, 순무영은 직접 각 고을의 수령에게 해당 고을에서 사격술이 뛰어난 자이면 관포수와 사포수를 가리지 말고 동원하라고 명령한 것이다.

한편, 로즈 제독은 서울에서 온 천주교도로부터 2,000~3,000명의 조선군이 반격해 올 것이라는 정보를 입수했다. 이에 대비하기 위해, 9월 18일 로즈는 120명의 프랑스군을 주변 해안을 정찰하려고 문수산성에 파견했다. 문수산성은 프랑스군의 주둔지인 갑곶을 한눈에 내려다볼 수 있는 전략적 요충지였다. 프랑스군 정찰대는 상륙 과정에서 이곳 문수산성에 매복해 있던 한성근韓聖根이 지휘하는 조선군 50명의 습격을 받아 3명이 죽고

위정자들은 임진왜란과 병자호란 때 혁혁한 전공을 세운 인물 가운데 사냥꾼이 많았다는 역사적 선례를 잘 알고 있었다. 이러니 프랑스군이 침략해오자 즉시 각도의 관찰사에게 각 고을의 사포수를 동원하라는 명령을 내린 것이다.

2명이 부상당했다. 하지만 프랑스군은 신속히 전열을 정비한 뒤 우세한 화력으로 문수산성으로 돌진하였다. 양군 사이에는 치열한 총격을 벌어졌는데, 조선군은 화력과 병력의 현격한 열세로 다수의 사상사를 내고 통진 쪽으로 물러났다.[5]

물론 조선군이 패배했지만 프랑스군 입장에서는 조선을 침략한 이래 최초로 희생자가 발생한 전투였다. 이는 프랑스군에게 큰 충격을 안겨주었고, 그만큼 사기가 떨어졌다. 반면, 조선군은 기습공격 성공으로 사기가 충천하였다. 보다 중요한 점은, 조선군이 문수산성 전투에서 월등한 화력을 보유한 프랑스군을 격퇴하려면 매복하고 있다가 근접거리에서 사격해야 한다는 전략을 깨달았다는 사실이다.

당시 순무영 초관哨官인 한성근이 이끈 부대는 모두 포수로 구성되었다. 초관은 100인 단위의 병사집단인 초를 통솔하던 종9품의 무관직이다. 그래서인지 현지 사령관인 순무중군 이용희도 포수의 필요성을 절실히 느낀 것 같다. 9월 19일 그는 "출정군 중 보병이 5초이고 마병은 3초에 불과합니다. 설령 이 모두가 총에 능한 자라도 부족한데, 그중 총수는 5분의 1을 차지합니다."(《순무영등록》, 9월 19일)라고 불평하며, 최소한 포수 300명이 충원되어야 한다고 순무영에 요청했다.

때마침 각 고을에서 보낸 포수들이 순무영에 속속 도착하고 있었다. 순무영에서는 산행포수들이 도착하는 대로 선봉진의 주둔지인 통진부로 보냈다. "우리 고을 경내에 거주하는 산행포수 7명에게 자기 총을 지침하게 해서, 별도로 장교를 정해서 함께 보냅니다."(《순무영등록》, 9월 19일)라는 경기도 여주목사驪州牧使의 보고와 "강원도 및 경기도 고을의 산행포수 370명이 (선봉진에) 도착했다."(《병인일기》, 9월 20일)라는 기록은 저간의 사정을 알려주고 있다. 9월 24일, 현지 사령관인 이용희는 충원된 포수들을 통진부를 중심으로 요충지마다 매복시켰다(《순무영등록》, 9월 24일). 이 같은 매복 전술은 문수산성 전투에서 성과를 낸 방법이었다.

이렇게 해서 현지 사령관이 승리의 전제 조건으로 요구했던 300명 이상의 산행포수들이 선봉진에 도착했다. 특히 9월 27일에는 "평안도 감영 내에서 선발한 정예 포수 63명을 감영 훈련영장訓鍊領將인 전첨지前僉知 조규환趙奎煥과 전만호前萬戶 노태정盧泰鋌이 거느리고 갑니다."(《순무영등록》, 9월 27일 평안도 관찰사의 보고)라는 보고대로 고대하던 평안도 출신 포수 63명이 마침내 순무영에 도착했다.

하지만 프랑스군이 강화해협의 제해권을 장악하고 있어서 바다를 건너기가 어려웠다. 그래서 순무영 천총 양헌수는 프랑스군의 감시를 피해 강화해협을 몰래 건너 정족산성에 집결한 뒤 반격의 기회를 보이기로 했다. "성을 순시하니 과연 하늘이 설치한 험지險地였다."(《병인일기》, 10월 2일)라는 양헌수의 표현처럼, 정족산성은 지세가 험하고 접근로는 동쪽과 남쪽 두 길만이 트여 있는

천혜의 요충지였다.

우선, 양헌수는 각 고을에서 차출된 포수 367명을 비롯하여 500여 명의 최정예 군사를 선발했고(《병인일기》, 9월 28일), 마침내 군사를 이끌고 10월 1일 달도 없는 한밤중에 해협 건너 정족산 성에 진입하는 데 성공했다(《병인일기》, 10월 1일). 양헌수가 강화도 남쪽에 위치한 정족산성에 거점을 마련한 까닭은 "양헌수가 500의 군사를 거느리고 광성진廣城津을 몰래 건너가 정족산성에 들어가 의거하여 굳건히 지키고 있다가, 양쪽에서 기회를 봐서 적의 소굴(강화부)로 진격할 생각이었다."(《순무영등록》, 10월 2일)라는 기록에서 확인할 수 있다. 즉, 양헌수의 부대가 남쪽에서 강화부를 공격하면 선봉진의 주력군이 서북쪽에서 공략하는 협공 전략 차원에서 이루어진 것이었다.

조선군이 정족산성에 잠입했다는 리델 신부의 보고를 받은 로즈 제독은 10월 3일 올리비에Olivier 대령에게 160명의 병력을 동원하여 정족산성을 공격하게 했다. 리델이 조선인 천주교 신자로부터 입수한 정보 내용은 다음과 같다.

하루는 교우가 찾아와서 하는 말이, 전날 저녁 명사수인 조선 호랑이 사냥꾼 300명이 강화섬으로 건너왔으며, 다음 날 밤에 또 500명이 건너와 먼저 건너 이들과 합류하여 강화읍에서 40리 떨어진 전등사傳燈寺에 잠복하리라는 것이었습니다. 저는 서둘러 제

독에게 이 소식을 전했습니다.[6]

　몇 차례의 전투 경험상, 조선군의 무기가 쓸모없는 노후한 무기임을 알고 있던 올리비에 대령은 160명의 분견대分遣隊를 이끌고 야포 없이 경무장한 채 공략에 나섰다.[7] 강화읍에서 정족산성까지의 거리는 대략 18킬로미터인데, 리델의 회고에 따르면 그 길은 꽤 잘 정비되어 있었다고 한다.

　그래서인지 길 안내 겸 통역으로 정족산성 전투를 직접 목격한 리델은 "전날에는 소구경포 몇 문을 가져간다는 말이 있었으나 저희는 대포를 갖고 가지 않았습니다. 왜 생각이 바뀌었는지 모르겠습니다. 저희는 시간마다 쉬면서 천천히 갔습니다. 꽤 훌륭한 큰길을 따라 몇몇 야산을 지나가니 곧 산꼭대기를 따라 쌓은 성곽이 보였습니다."[8]라고 보고했다. 진격로가 아주 잘 닦여진 큰길인데도 대포조차 가져가지 않은 군 당국의 허술한 작전에 대해 강한 의문을 제시한 것이다.

/ 프랑스군을 물리치다

　양헌수는 화력 면에서 절대 열세인 조선군이 프랑스군을 격파하려면 비상한 전술을 구사해야 한다고 판단했다. 따라서 문수산성 전투의 선례에 따라 포수들을 매복시켜다가 일제히 사격하게 했다. 주력인 포수는 남문 및 동문에 각각 161명과 150명을 집중 배치했다(《병인일기》, 10월 3일). 정족산성 지형상 프랑스군이 공격해 올 수 있는 곳은 남문과 동문이었기 때문이다. 서문과 북문에는 궁수와 살수로 구성된 중앙군과 지방군을 배치해두었다. 양헌수의 예상이 적중하여 정족산성 전투에서 포수들의 기습적인 집중 사격을 받고 프랑스군은 대패를 당하였다.

《고종실록》고종 3년 10월 3일의 기록은 공문서답게 정족산성 전투 상황과 전과를 다음처럼 매우 무미건조하면서도 간략하게 기술하고 있다.

오늘 지키고 있는 성을 특별히 점령할 계책으로 저들의 두령이 말을 타고 나귀를 끌고 짐바리와 술과 음식을 가지고 와서 동문과 남문 양쪽 문으로 나누어 들어올 때 우리 군사들이 좌우에 매복했다가 일제히 총탄을 퍼부었습니다. 저들은 죽은 자가 6명이고 아군은 죽은 자가 1명입니다. 적들은 도망치면서 짐바리와 술, 음식, 무기 등을 모두 버리고 갔기 때문에 거두어 보관해두고 있습니다. 훗날 자세히 파악해서 기록하여 보고하도록 하겠습니다.

반면, 리델은 정족산성 전투 때 프랑스군이 조선군의 기습 공격에 속수무책으로 당한 일을 아주 생동감 있게 묘사하고 있다.

성문에서 100미터도 안 되는 곳까지 이르고 전위는 문에 훨씬 더 가까이 이르렀을 때, 긴 성벽 앞쪽에서 갑자기 총성이 울렸습니다. 총성은 뒤섞여 쉴 새 없이 울렸고 총탄이 사방에서 저희 말, 저희 머리 위에서 쌩쌩 날랐습니다. 머리를 돌려봤더니 거의 모두가 땅에 엎드려 있었습니다. 각자 숨을 수 있는 곳에 몸을 숨기고 사격이 끝나기만 기다리고 있었습니다. 저도 그렇게 했습니다만 사격은 끝나지 않았습니다. 저희 병사들은 좀 더 유리한 위치를 찾아 내려가면서 맹렬한 총격으로 응전했습니다. 그러나 성벽과 머리만 보이는 조선인들을 향해 쏘아본들 무슨 소용이 있습니까? …… 부상자들을 모두 후송한 뒤 부상자들이 많다는 것을 알았습니다. 경상자들까지 합쳐 32명이나 되었습니다.9

당시 일본에 체류하던 그리피스 역시 병인양요의 최후의 결전이 된 정족산성 전투 상황 및 전과 그리고 사냥꾼들의 활약상을, 비록 장황하지만 아주 실감나게 서술해두었다. 물론 그의 글에는 부정확한 정보도 포함되어 있다.

각지에서 군사들이 모여들었다. 그중에는 북부 지방에서 온 800명의 호랑이 사냥꾼 부대가 있었는데, 이들은 활을 쏘든, 총을 쏘든 일발필살의 사격술을 가지고 있었다. 이들은 일찍이 호랑이와 대적하여 눈도 끔적하지 않을 사람들이었다. 그들은 강화도의 한 요새화된 절(전등사)을 수비했다. 그 절은 언덕으로 둥글게 둘러싸인 계곡에 자리 잡고 있었으며, 주위에는 부착물을 사용하지 않고 쌓은 석성(정족산성)이 둘러 서 있었다. …… 이 정보가 프랑스 제독에게 전달된 같은 날에 조선 군사들이 프랑스의 전초선前哨船을 공격하자 제독은 즉시 그 사원을 점령하기로 결심했다. 이러한 목적을 수행하려고 그는 160명의 군사를 파견했다. 그들은 대포도 없이 말 등에 점심을 실은 채 10월 27일(양력) 오전 6시에 막사를 출발했다. …… 그들은 3개의 대오로 나뉘어서 성문 앞 300야드까지 접근했다. 주위는 죽은 듯이 조용했다. 갑자기 성벽 전체에서 번쩍이는 불빛이 보였지만 검은 머리나 흰 도포 자락 하나 보이지 않았다. 순식간에 프랑스군의 대오는 뿔뿔이 흩어지고 자기의 위치를 지키는 병사는 한 사람도 없었다. 총알 세례를 받으며 퇴각한 프랑스군들은 바위 뒤, 노적가리 그리고 그 인근의 오두막집에서 몸을 피했다. …… 부상병들은 후미로 호송되었다. 부상병의 수는 32명이었다. 이제 80명만이 남았다.[10]

그동안 너무 쉽게 얻은 승리로 정신력이 해이해진 프랑스군은 대포도 없이 경무장한 채 정족산성을 공격했다가 호랑이 사냥꾼, 즉 산행포수의 매복 공격에 속수무책으로 당하고 말았다. 단 한 번의 전투에서 프랑스 원정군의 분견대는 30여 명이 부상을 당하는 치명적인 패배를 맛보았던 것이다. 그리피스는 전등사를

"요새화된 절"로 표현하고 있는데, 전등사가 정족산성 안에 있어서 그리 오해한 듯하다. 또한, 이들 호랑이 사냥꾼은 그리피스의 주장처럼, "북부 지방에서 온 800명의 호랑이 사냥꾼 부대"가 아니었다. 북부 지방, 즉 평안도와 함경도 출신 산행포수들은 거리가 먼 탓에 늦게 서울에 도착해서 전장에 투입되지도 못했다.

> 어제 패배한 적들이 오늘 틀림없이 기승을 부리며 발광할 수 있으니 더욱더 엄하게 경계를 세우고서 기다리고 있습니다. …… 유격장遊擊將 최경선崔經善과 홍석두洪錫斗는 평안도 포수 93명을 거느리고, 병조좌랑兵曹佐郎 한성근은 황해도 포수 50명을 거느리고 무사히 진에 도착해 약간이나마 군심軍心을 안정시키고 있습니다만, 아직도 중과부적의 근심이 있습니다(《고종실록》, 고종 3년 10월 5일).

양헌수의 이 보고가 알려주듯이, 평안도 포수 중에서 가장 먼저 순무영에 도착한 90여 명은 전투가 끝난 직후 정족산성에 도착했다. 더구나 강계포수를 비롯한 함경도 포수들은 서울까지 거리가 너무 멀어 늦게 도착하는 바람에 훈련도감에 와서 대기하고 있었지만, 프랑스군이 이미 철수했기 때문에 전장에 투입되지도 못했다(《병인일기》, 10월 3일).

프랑스군 사상자에 대해서는 조선과 프랑스 양측의 문헌자료에 상당한 차이가 있다. 《병인일기》는 전사자가 6명이고 부상자는 60~70명에 이른다고 기록하고 있다《병인일기》, 10월 3일). 반면, 올리비에의 보고서에는 전사자는 없고 부상자만 29명이라 적고 있으며《교회사연구》2, 241쪽), 통역으로 이 전투에 참가했던 리델의 서한에도 전사자는 없고 부상자가 32명이라고 기록되어 있다. 한편, 조선군은 화기의 열세에도 불구하고 양헌수의 뛰어난 작전 계획 및 지휘와 지형상의 이점으로 프랑스군을 크게 이겼다. 지금의 경기도 양평인 양근楊根에서 차출되어 온 포수 윤춘길尹春吉이 전사하고 4명이 부상을 입은 것《병인일기》, 10월 3일) 이외에 조선군 측은 이렇다고 할 만한 큰 피해를 입지 않았다.

정족산성 전투에서 전공을 세운 포수들 대다수는 산행포수였다. 리델 및 그리피스의 표현에 따르면 각각 "Chasseur de tigre" "Tiger Hunter"인 호랑이 사냥꾼이 바로 그들인 것이다. 그들 대부분은 경기·강원도의 산행포수였으며 일부 황해도 출신도 있었다. 〈문수산성정족산성 접전시 장관이하 별단文殊山城鼎足山城接戰時將官以下別單〉이라는 명의의 문수·정족산성 전투 전공자 명단이 《비변사등록》고종 3년 10월 24일의 기록에 실려 있는데, 그중 훈련도감 소속 군사를 제외하면 대다수가 경기도를 비롯한 강원·황해도 출신 포수였던 데서 알 수 있다. 비교적 전공자를 많이 배출한 고을(인원수)로는 철원鐵原(14), 금성金城(10), 가평加平(6), 영평永平(7), 여주驪州(7), 양주楊州(9), 포천抱川(7), 광주廣州(9), 양근楊根(18), 회양淮陽(8), 춘천春川(33), 평강平康(7), 횡성橫城(7), 홍천洪

川(7), 이천伊川(13) 등이 있었다. 이밖에도 죽산竹山(2), 음죽陰竹(1), 안성安城(3), 장단長湍(4), 남양南陽(2), 통진通津(1), 김화金化(2), 원주原州(3), 양구楊口(4), 인제麟蹄(3), 해주海州(1), 신천信川(2), 문화文化(2), 연안延安(3) 등의 고을도 있었다.

결론적으로, 정족산성 전투에 참전하였던 산행포수들의 공로는 뚜렷했다. 그들은 자신의 무기를 휴대하고 멀리서 강화도로 달려가 서울을 넘보던 '오랑캐'에게 치명적인 공격을 퍼붓는 데 성공했다. 병력 2,000명이면 조선 정복도 가능하다고 자신만만했던 로즈가 이끈 프랑스 원정대는 호랑이 사냥꾼들에게 일격을 당한 뒤 10월 5일(양력 11월 11일) 한 달가량 점령했던 강화도에서 서둘러 철수했다. 이 과정에서 프랑스군은 강화읍을 불태워 파괴하고 외규장각 도서 340권, 은괴 19상자 등 귀중한 문화재를 약탈해갔다.

프랑스 함대의 조선 침공 작전은 열강들에게 실패로 인식되어 프랑스의 국가적 위신이 실추되는 결과를 가져왔다. 반면, 조선은 독자적인 역량으로 서구 열강인 프랑스군과의 전투에서 승리를 거두었다는 자부심을 갖게 되어 조야의 사기가 크게 고양되었다. 병인양요는, 프랑스에게는 조선 정복이라는 거창한 목표를 제쳐두더라도 통상조약 체결과 선교사 학살에 대한 보상 중 어느 한 가지도 성사하지 못한 채 체면을 구긴 사건이었고, 조선에게는 서양세력에 대한 조선인의 적개심을 고취시켜 쇄국정책을

한층 강화시키는 결과를 초래하고만 시대착오적 사건으로 귀결
되었다.

八.

호랑이 사냥꾼 부대의 옥쇄작전,
미군을 떨게 하다

이처럼 호랑이 사냥꾼을 포함한 무명의 용사들이 치른 목숨의 대가로,
미군은 통상 조약 체결이라는 원정 목적을 달성하기는커녕
조선의 쇄국정책만 강화시킬 구실만 제공한 채 철수하고 말았다.

병인양요 이후 조정은 서양세력이 다시 침략해올 것으로 예상하고, 군비 증강에 박차를 가했다. 포수, 즉 포군 확충이 핵심이었다. 그것은 병인양요의 경험에서 비롯하였다. 당시 최후의 전장인 강화도 정족산성에서 프랑스군을 격퇴한 주역이 산행포수, 서양인의 표현에 따르면 '호랑이 사냥꾼'이었기 때문이다.

/ 군인이 되는 사냥꾼들

앞서 서술했다시피, 사냥꾼을 동원하여 전쟁터에 곧바로 투입하는 조치는 왕조 초기부터 시행되었고, 왕조 내내 유지되었다. 병인양요 때 전국의 산행포수를 동원한 사례를 비롯해, 흥기하던 후금(청)의 침략이 노골화되던 시기에도 산행포수를 군대에 대대적으로 충원하여 전장에 투입했다. 또한, 이괄의 난처럼 반란이 일어났을 때에도 사냥꾼이 동원되고는 했는데, 반란에 대비하거나 진압하기 위한 사냥꾼 징발 또한 왕조 초기부터 있었다.

> 이번 7월 2일에 내(세조)가 서울을 출발하여 친히 이시애李施愛를 정벌할 것이다. 속히 도내에서 활을 잘 쏘는 백정을 선발하라. 임금 호위를 자원하는 자는 경상도·전라도에서는 각각 30일치의 군량을, 충청도·황해도에서는 20일치 군량을, 경기와 강원도에서는 15일치 군량을 지참하게 해서* 사람을 임명하여 거느리고 행재소行在所**에 이르도록 하라(《세조실록》, 세조 13년 7월 1일).

인조 재위 때 이괄의 난 이후 조정은 이와 같은 반란에 대비하려고 국왕 친위 부대인 어영청을 창설했고, 호란을 겪으며 어영군을 더욱 확대했다. 어영군의 충원과 더불어 조정은 전국의 사냥꾼을 군대에 편입시키는 사업도 진행하였다. 산행포수를 어영군에 충원하는 한편으로, 그 명칭이 무엇이든 사냥꾼을 주력으로 하는 별도의 부대를 편성하였다. "사포수, 산척, 재인, 일본에 포로로 잡혀갔다 돌아온 자로서 포술·검술에 능한 자들도 별도의 부대로 만들어 그들의 호역戶役을 감면해주고 항상 조련하게 할 것."(《인조실록》, 인조 5년 4월 20일)이라는 기록에서 그 일단을 확인할 수 있다. 정묘호란 이후 비변사는 이처럼 사포수, 산척, 재

---

* 군량 등은 '경비자판(經費自辦)'의 원칙에 따라 스스로 마련하게 하였다.
** 왕이 궁궐을 떠나 멀리 나들이할 때 머무르던 곳.

인, 포로 출신으로 별도의 부대를 만들자고 제안한 것이다. 비변사의 건의는 국왕의 승인을 받아 추진되었다.

"속오군 가운데 무과 출신, 산척, 산행포수 외에는 적을 대응할 만한 군사가 없습니다."(《승정원일기》, 인조 7년 3월 8일)라는 기록이 알려주고 있듯이, 무과 및 사냥꾼 출신을 제외하고는 전투능력을 전혀 갖추지 못하고 있었다. 따라서 농민으로 구성된 속오군을 이처럼 오합지졸에 불과한 군대로 인지하고 있던 위정자의 입장에서는, 사냥꾼이든 무과 출신이든 이들 위주로 별도의 부대를 편성하는 게 유사시에 대처하는 데 효과적이라고 판단하고 내린 조치였을 것이다. 게다가 왜군에 포로로 잡혀 있다가 탈출해온 군사들과 함께 전국의 사냥꾼을 모아 별도의 부대를 편성하는 시도를 보아도 더욱 그러하다. 적의 엄중한 감시를 피해 탈출하려면 실력은 물론이고 강인한 정신력까지 갖추고 있어야 하기 때문이다.

이렇게 편성된 사냥꾼 부대는 병자호란 때 혁혁한 전과를 거두었고, 병자호란이 끝난 뒤 평화를 구가하던 시절에도 조정은 사냥꾼들을 고을 단위로 조사하여 병적부, 즉 호적에 일일이 등록하여 관리하고자 하였다.

조영국이 아뢰기를, "각 고을의 속오군이 전혀 모양을 이루지 못하고 있는데, 급할 때 믿을 만한 집단으로는 산행포수만 한 자들이없습니다. …… 한 도를 통틀어 계산하면 그 숫자 또한 적지 않으니, 군역사정청査正廳의 장부 가운데에서 여러 고을의 산척을 한결같이 모두 기록해 역(군역)을 침해하지 말게 해서 단속하는 뜻을 보여야 합니다."라고 하였다(《영조실록》, 영조 21년 4월 5일).

영조 때의 중신 조영국은 유사시에는 활용할 있는 전력으로는 사냥꾼밖에 없다고 강조하면서 이들을 모두 조사해서 군역사정청의 장부, 즉 호적에 등록하여 관리하자고 건의한 것이다. 당시에는 군역제도를 개혁하려고 군역사정청이 설치되어 있었고, 병인양요가 일어나자 조정은 곧바로 산행포수의 동원령을 내려 그들을 징발해 전장에 투입할 수 있었다. 조정의 기대대로 이들 사냥꾼의 선전 덕에 프랑스군을 물리칠 수 있었다.

병인양요 때 산행포수들의 활약상에 주목한 조정에서는 외국 침략을 대비하기 위하여 포수들을 대대적으로 군대에 충원하는 사업을 추진하였다. 1866년(고종 3년) 10월 5일(양력 11월 11일) 프랑스군이 강화도에서 철수하였지만, 조정은 우선 이곳 방비를 강화하기 위해 강화도 병력을 증강하였다. 증원 대상은 역시 산행포수였다. 이러한 조치는 "전 우후虞侯* 신효철申孝哲을 유격장에 임명하여 평안도 포수 200명을 거느리고 영종진永宗鎭에 내려가

---

* 각 도의 절도사를 보좌하는 일을 맡아보던 무관 벼슬로, 병마우후가 종3품, 수군우후가 정4품이었다.

게 하겠습니다. 감히 아룁니다."(《승정원일기》, 고종 3년 10월 10일)라
는 순무영의 보고에서 확인할 수 있다. 프랑스군이 호랑이 사냥
꾼들에게 일격을 당한 뒤 한 달가량 점령한 강화도에서 물러났지
만, 조정은 만일의 사태에 대비하여 평안도 출신 포수 200명을
파견한 것이다.

산행포수들을 징발하여 수도의 관문인 강화도에 배치하여 이
곳의 방비를 강화하려는 조정의 조치는 일회성으로 끝난 것이
아니었다.

순무영에서 아뢰기를, "이양선異樣船은 이미 육지에서 멀리 떨어
진 바다로 나갔고, 대진大陣은 돌아오고 있습니다. 다만 강화도의
방비가 따라서 소홀해지는 일을 염려하지 않을 수 없습니다. 순무
영 중군으로 하여금 향포수鄕砲手 500명을 잘 뽑게 하여 각 영의
장교 각 2인이 통솔하여 남아 방비하게 하고, 음식을 주거나 거처
하는 곳 따위의 절차에 신경을 쓰라고 해당 수령에게 분부하는 것
이 어떻겠습니까?"라고 하니, 윤허한다고 전교하였다(《승정원일기》,
고종 3년 10월 16일).

이렇게 강화도에는 병인양요 직후부터 최우선적으로 집중적인
군비 증강 투자가 이루어졌다. 강화도는 병인양요 때 프랑스군이
한 달가량 점령했을 뿐 아니라, 이후에도 통상을 요구하는 이양

선이 자주 출몰했던 곳이다. 더구나 강화도는 서울로 침략해오는 외세에 대한 최일선 방어선 이상의 의미를 갖는다. 서울로 들어오는 모든 화물선이 강화 연해를 거쳐야 하기에 강화도만 봉쇄해도 서울로의 물자 공급은 치명상을 입기 때문이다. 따라서 강화도는 외국의 침략을 저지하는 단순한 방어선을 넘어서는 전략적인 요충지였다.

1866년(고종 3년) 10월 16일 조정은 강화도 방비를 위해 임시로 산행포수 500명을 주둔시킨 뒤 곧바로 강화도 방비를 위한 군비 증강 방안을 확정짓는다. 《비변사등록》 고종 3년 11월 16일자에 실려 있는 〈진무영별단鎭撫營別單〉이 그것이다. 진무영은 1700년에 설치되었지만 고종 당시에는 유명무실해진 군영이었다. 그러다가 병인양요 이후 외국 선박의 출몰이 잦아지자 그 지위는 정2품 관아로 승격되고 기구도 크게 늘어났다.

시행 세칙인 별단에 따라, 진무영의 병력은 포수 위주로 설치되었다. 1868년 1월 무렵이면 진무영의 본영 병력만 별무사別武士 401명, 별효사別驍士 201명, 효충사效忠士 103명, 장의사壯義士 223명, 승군僧軍 21명 등 총 949명이나 되었다.

삼군부三軍府*에서 아뢰기를, "방금 진무사鎭撫使 정기원鄭岐源의 보고를 보니, '본영의 별무사 401인, 별효사 201인, 효충사 103인, 장의사 223인, 승군 21명은 …… 이미 설치하였습니다.'라고 하였습니다. 감히 아룁니다."라고 하니, 알았다고 전교하였다(《승정원일기》, 고종 5년 1월 25일).

이 기록만으로는 진무영의 군사편제를 정확하게 파악할 수가 없다. 다만, 병력 규모를 보면 별무사와 별효사가 주력 부대인 것으로 짐작된다. 별무사는 몇 년 뒤 신미양요 때 광성보廣城堡 전투에 참여한 부대로, 미군이 조총의 공격만 받은 것으로 보아 이들은 포군, 즉 포수로 보인다. 장의사는 병인양요 때 강화도 출신 전사자 등 전공자 후예들 중 스스로 경비를 마련하여 날마다 사격연습을 하던 지원자들을 본영의 예하 부대로 편성한 것이다. 효충사도 명칭으로 보아 장의사와 비슷한 성격의 부대인 것으로 판단된다.[1] 따라서 효충사 및 장의사 부대도 포수로 구성된 것으로 짐작할 수 있다.

임시방편으로 강화도 방비 강화를 위해 산행포수 500명을 배치한 조정은, 병인양요 뒤 진무영의 병력을 크게 확충하여 이곳 방어를 전담하게 하였다. 물론 새로 충원된 진무영 군사는 포군 위주로 이루어졌다.

---

* 삼군부는 고종 재위 초에 설치되었던 군령의 최고 기관이다. 비변사의 지나친 비대화를 막고 의정부의 기능을 확대 강화하기 위해, 1865년 3월 비변사를 의정부에 통합하였다. 이때 왕조 초기 정부와 군부를 분립한다는 정신으로 돌아가기 위해, 그해 5월 삼군부가 도로 군령의 최고 기관으로 설치된 것이다. 그전에는 비변사가 군령권도 장악하고 있었다.

/ 전국에 포군을 설치하다

병인양요 이후 강화도만이 아니라, 전국적으로 포수 부대 창설이 대대적으로 이루어졌다.[2] 특히 1868년(고종 5년) 오페르트의 남연군묘南延君墓 도굴 사건 이후 그러했다. 조정은 집권자인 대원군 아버지인 남연군 무덤에 대한 공격에 큰 충격을 받았다. 겨우 100여 명에 불과한 오페르트 일행이 충청도 덕산군德山郡의 무기고를 탈취하고 남연군묘를 도굴하는 등 국토를 유린하며 활보하는 동안 아무런 대응도 못했던 것이다. 충청감사 민치상閔致庠이 급히 군사 100명을 모아 덕산에 파견하였지만 오페르트 일행은 이미 덕산을 떠난 뒤였다. 이제 조정은 이양선만이 아니라 전국 어디든지 출몰할 수 있는 서양 침략자들도 대비해야 했다.

도굴 사건이 일어난 지 석 달 뒤인 1868년 7월에 충청감사 민치상은 은진恩津 등 20개 고을에서 1,000명을 선발하여 총수, 즉 포수를 양성하겠다는 방안을 건의하였다.

삼군부가 아뢰기를, "조금 전에 충청감사 민치상의 장계를 보니 '본도는 경기와 영남의 사이에 끼어 있고 가깝게는 한강 나루와 접해 있으며 멀리로는 서해 바다와 통해 있어서, 방어하고 견제하는 일을 조금도 느슨히 할 수가 없습니다. 도내의 총수 1,000명을 은진 등 20개 고을의 진鎭에 사는 백성들 가운데 자원하는 자를 특

별히 가려 뽑은 다음, 그들로 하여금 총 쏘는 법을 연습해서 숙달
되게 한다면, 정예롭게 될 것입니다. …… 이상의 일을 삼군부의 명
령을 받아 처리하도록 하겠습니다.'라고 하였습니다(《승정원일기》, 고
종 5년 7월 20일).

충청감사 민치상의 이 같은 대책은 국왕의 승인을 받아 추진
되었다. 종래 변경 지역인 평안·함경도나 경상도 남부 등이 아닌
충청도부터 대대적인 포군 설치를 시작한 까닭은 바로 오페르트
일당의 침입에 대한 대응책이었기 때문이다. 삼군부가 국왕에게
충청감사의 위와 같은 방안을 승인해주기를 건의하면서 "지금
반드시 바닷가에다 처음으로 설치하여 다른 도보다 먼저 시행하
자고 한 것은 장구하고도 원대한 계책이라는 것을 알 수 있습니
다."라고 평가한 것을 보면, 은진 등 20개 고을 진이 주로 해변 지
역임을 알 수 있다. 서양세력의 침략이 바다를 통해 이루어졌기
때문이다. 이들 연안 지역의 포군 설치가 일정 정도 이루어지자
내륙 고을로 확산시킨 것으로 보인다. 이런 사정은 "포군을 창설
하는 일은 해읍海邑뿐만 아니라 근년에는 산군까지도 많이 신설
하였습니다."(《승정원일기》, 고종 9년 10월 3일)라는 경기감사 김재현金
在顯의 보고에서 확인할 수 있다.
　남연군묘 도굴 사건을 계기로 해안 지역부터 포수를 대대적으
로 확충하려는 조정의 계획은 충청도에서 시작되어 황해도와 전

라도로 확대되었다. "방금 전라감사의 장계를 보았는데, 포수를 만들어 당번을 세운 일은 전에 황해감사와 충청감사의 장계에서도 보았고, 또 연해 지역에 1,000여 명의 포군을 설치하였다. 국방의 정사가 이를 통하여 완비되고 변방의 방어도 자연히 더욱 견고하게 되는 일이니, 참으로 매우 다행스럽다."(《승정원일기》, 고종 6년 5월 5일)라는 국왕의 전교를 통해 알 수 있다. 또한, "'경기 남양부南陽府가 별포군別砲軍 100명을, 장단부長湍府가 별포무사別砲武士 200명을, 고양군高陽郡이 포수 70명을, 가평군加平郡이 포군 20명을, 양천현陽川縣이 포군 43명을, 경상도 문경현聞慶縣이 포군 50명을 설치했다는 보고가 들어왔습니다. 감히 아룁니다(《승정원일기》, 고종 8년 4월 17일)."라는 삼군부의 보고에서 대대적인 포수 육성책은 충청, 황해, 전라 3도에 한정된 게 아니라 전국을 대상으로 했음을 엿볼 수 있다.

포군 설치는 해를 거듭할수록 전국적으로 늘어났다. 그러자 고종은 1870년(고종 7년) 12월에 각 도의 포군 설치 현황을 보고하라고 명령하였다. 이에 따라 이루어진 삼군부의 보고에 따르면, 보고된 건수는 335건이었으며, 총 병력은 2만 328명이었다.[3]

"황해감사 조석여曹錫輿가 장계하기를 '산행포수 100명을 뽑아 화포군火砲軍에 명단을 올린 다음, 어장漁場에서 거두는 사사로운 세금을 모두 끌어모아 요미料米를 주어야 한다.'라고 하였습니다." (《승정원일기》, 고종 5년 8월 30일)라는 삼군부의 보고를 보면, 이번에도 충원 대상의 일순위는 산행포수였다. 새로 산행포수 100명을 충원하고 어장세를 거두어 그들의 요미, 즉 봉급으로 삼겠다는 황해감사의 건의는 국왕의 승인을 받고 시행되었다.

병인양요 뒤 지방관들이 이렇게 포수를 대대적으로 충원할 때 산행포수를 최우선 대상으로 삼은 이유는 간단하다. 그들이 여타 부류, 심지어는 중앙군 포수보다 훨씬 뛰어난 자질을 갖추고 있었기 때문이다. 구중궁궐에 사는 국왕이 "경군은 향군만 못하고, 향군은 백발백중하는 산포수만 못하다."(《승정원일기》, 고종 8년 5월 21일)라고 할 정도이니, 일선 현장에 근무하는 지방관들은 두말할 나위 없이 이를 잘 알고 있었다.

고종의 위 발언은 경연 자리에서 나왔다. 이 자리에 경연의 으뜸 벼슬인 시독관侍讀官으로 참석한 박영보가 평안도 산포수를 극찬하자, 고종이 "강계의 포군이 몇 명이냐"고 물었다. 그러자 박영보는 "예전에는 요사이 포군을 설치한 것과 같지 않아, 군軍으로 이름을 정한 일이 없었습니다. 단지 강변을 방수하는 데 사용하고, 그 밖에 산에 들어가 수렵을 하면서 가고 머무는 것을 제 마음대로 하는 자가 이삼백 명 됩니다."라고 대답하였다. 박영보의 발언을 종합해보면, 직업사냥꾼인 산행포수가 강계 한 고을에만 수백 명이 있었고 그들의 사격솜씨는 백발백중일 정도로 뛰어났다. 이러했으니 포군을 설치하라는 조정의 지시를 받은 지방관이 이들 산행포수를 충원 대상 일순위로 삼은 조치는 지극히 당연하다.

이렇게 해서 전국의 산행포수는 대거 정규군에 충원되었는데, 신미양요 직전 전국의 포군은 그 수가 무려 2만여 명이나 되었다. 물론 새로 확충된 포군 전체가 산행포수, 서양인의 표현에 따르면 호랑이 사냥꾼 출신은 아닐 테지만 핵심 전력이라고 단정해도 큰 무리는 없을 테다. 그리하여 조정은 신미양요 때에는 전국의 산행포수를 별도로 차출하지 않은 채 확충된 포수만으로 미군의 침략에 대처하게 된다.

/ 미국 함대가 몰려오다

병인양요 직전인 1866년(고종 3년)에 제너럴셔먼General Sherman 호 사건이 발생했다. 미국 국적의 상선인 제너럴셔먼 호는 대동강을 거슬러 올라가 교역을 요구하다가 평양 군민軍民과 충돌을 일으켜 1866년 7월 24일에 선박은 불타 침몰했으며, 승무원 24명 전원이 죽음을 당했다. 제너럴셔먼 호 사건은 미국이 조선에 적극적인 관심을 가지는 계기가 되었다. 1866년 12월 미국은 사건의 경위를 탐문하는 정찰 원정을 단행했고, 이듬해 3월에도 제2차 정찰 원정을 강행했다. 이 두 차례의 정찰 원정을 토대로 미국은 대조선 교섭 계획을 세우게 된다.

1870년 10월 미국 외교사절단의 전권을 부여받은 청국 주재 미국공사 로F. F. Low는 베이징에서 로저스John Rodgers 제독 및 시워드G. F. Seward 총영사를 초청하여 3자 회담을 열고 원정 계획을 확정했다. 계획대로 이듬해 아시아함대는 일본 나가사키 항에서 출항하여 조선 원정에 나섰다. 원정 부대는 군함 5척, 함재대포 78문, 해군 및 해병 1,200여 명으로 이루어졌다. 전권대사 로는 작약도 근해를 정박지로 결정하고 4월 11일 작약도에 도착, 정박했다.[4]

미국의 아시아함대가 작약도에 정박한 뒤 양측 하급관리 간의 몇 차례 접촉이 있었지만, 권한이 없는 하급관리인 만큼 협상은 진척이 없었다. 더 이상 참지 못한 로는 4월 13일 서기관을 통해 조선 측에 강화해협을 탐사하겠다고 일방적으로 통보했다. 그리고 바로 그다음 날(14일) 블레이크Homer C. Blake의 탐사대는 강화해협을 걸쳐 서울까지 함대가 항해할 수 있는지의 여부를 탐사하기 위해 정박지에서 출항했다.

당시 강화해협의 조선군은 초지진草芝鎭부터 갑곶나루까지 50여 리에 걸친 해안선의 요지에 포대를 설치해두었다. 해협의 중간지점이자 물살이 빠르고 굴곡이 심해 선박이 항해하기 어려운 손돌목孫乭項 어귀에 위치한 광성보에 조선군 지휘소가 설치되어 있었다.[5] 손돌목 근처의 해협은 특히 좁아서 겨우 약 90미터에 지나지 않았다. 미국 함대가 강화도에서 멀지 않은 작약도에 정박하자, 4월 14일 조선 정부는 강화해협을 방어하기 위하여 어재연魚在淵을 강화 진무영 중군中軍에 임명했으며, 병력도 대폭 증강했다. 임명 바로 다음 날, 어재연은 훈련도감에서 2초, 금위영·어영청·총융청에서 각 1초씩을 선발하여 총 5초의 병력(약 500명)을 이끌고 광성보로 와서 이곳에 지휘소를 설치하고 미군의 침략에 대비하였다.[6]

광성보 지휘소에서는 미 아시아함대의 탐사대가 북상하면서 활동하는 모습을 예의 주시하고 있었다. 탐사대의 선두가 손돌목에 접어들자 지휘소에서 울리는 포성을 신호로 양안兩岸에 배치된 포대에서 일제히 집중 포격을 감행했다. 미군 탐사대도 즉각 반격을 개시하여 양측 사이에는 치열한 포격전이 벌어졌다. 불과 15분 만에 200여 발의 포탄이 집중적으로 발사되었지만, 탐사대에 별다른 타격을 주지 못했다.

이 포격전 때 미군 탐사대는 조선의 병기가 거의 쓸모가 없는 노후한 무기임을 확인했다. 병인양요 때와 다를 바 없이, 조선군이 보유한 대포는 대부분 길이는 약 1~2미터이고 지름이 1인치 내지 1인치 반의 소구경포였다. 반면, 미국의 함재대포는 구경이 8인치이나 되고 파괴력도 뛰어나 광성보의 조선군은 큰 피해를 입고 진지에서 서둘러 철수하고 말았다.

손돌목 포격전 직후 전권대사 로는 조선 정부에 10일 내로(4월 23일) 포격에 대한 사죄와 보상을 하지 않으면 보복 응징하겠다는 편지를 전달했다. 조선 정부는 미군 함대가 허락 없이 국방상 요새 관문인 강화해협을 탐사한 행위는 침략행위이고 이에 대한 공격은 정당방위라며, 미국 원정대의 요구를 일축해버렸다. 이렇게 양측의 협상이 결렬되자, 로는 손돌목 포격전에 대한 적절한 보상이나 사과를 받지 않으면 조선만이 아니라 중국에서도 미국의 위신과 이익이 심각한 손상을 입게 될 것이라고 판단했다. 또, 정당방위라는 조선의 주장을 인정하는 꼴이 될 것으로 판단해 보복전쟁을 감행하기로 했다.

그러나 로는 연안의 수심이 얕고 파도가 높으며 강화해협의 해로가 급류인 데다가 연안 지세도 험악해서 현 병력만으로는 서울 공격은 불가능한 일로 판단했다. 한편, 강화도만 점령하더라도 원정 목적인 통상조약 체결도 가능할 것으로 판단했다. 이에 로는 로저스와 협의하여 제한적인 보복전쟁을 단행하기로 결정했다.[7] 보복전쟁에 참가한 원정대의 규모는 함대 4척, 상륙용 소형보트 22척, 상륙 부대 병력 650여 명이었으며, 강화해협에서 해상 지원 작전을 펼칠 병력 수는 200여 명이었다. 이리하여 강화도 상륙작전에 투입된 아시아함대의 총 병력은 800여 명이었다.

4월 23일 해군 육전대와 해병대로 편성된 미군 상륙 부대는 블레이크의 지휘 아래 초지진을 점령하려는 작전을 개시했다. 강화도의 동남단에 위치한 초지진은 강화해협의 관문에 해당하는데, 당시 이곳에는 100여 명의 조선군이 방어하고 있었다. 초지진의 조선 수비대는 미군 함대가 접근하자 대포를 동원하여 함대를 향해 포격을 가했다. 미군 지원 부대는 상륙 부대를 보호하려고 즉각 함재대포를 동원하여 약 2시간에 걸쳐 초지진에 융단폭격을 퍼부었다. 조선군의 화포는 사거리가 짧고 포탄의 파괴력도 미약하여 미군 함대에 이렇다고 할 만한 타격을 입히지는 못했다. 반면, 화력이 월등한 미국 함재대포의 집중 포격을 받은 진지는 삽시간에 대부분이 파괴되었다. 사상자가 속출하자 초지진의 수비대는 진지를 포기하고 퇴각하지 않을 수 없었다.

함포의 지원 포격을 받은 미군 상륙 부대는 사실상 초지진을 무혈점령했다. "미국 모노카시 호와 기정汽艇에서 상륙 작전을 엄호하려고 일제히 초지진에 대한 함포사격을 감행했기 때문에, 조선 요새지는 상륙해오는 미군에 방위포격防衛砲擊을 할 수 없었다. 초지진의 조선 수비병은 함포 사격을 피해 초지진 요새 밖의 관목 숲과 들판으로 달아나면서, 몇 번 멀리서 총격을 가해왔다." 당시 전투에 참여한 틸턴Mclane Tilton 해병대위의 이 보고서 내용[8]이 알려주듯이, 조선군이 도주하고 없어서 텅 빈 초지진을 미군은 전투다운 전투도 하지 않은 채 차지했다.

미군 상륙 부대는 초지진에서 하룻밤을 야영한 후 다음 날 별다른 전투도 벌이지 않은 채 덕진진德津鎭마저 점령했다. 덕진진은 초지진에서 북쪽으로 약 2킬로미터 지점에 위치한 진지였다. 이곳에 주둔하고 있던 조선군도 미군 상륙 부대가 도착하기 전에

1871년 5~6월에, 강화해협에 정박중인 미국 군함 미국 군함 콜로라도호의 위병하사 찰스 브라운Charles Brown이 틸턴Mclane Tilton 대령과 함께 선상 위에 서 있는 장면을 찍은 사진이며, 뒤에 있는 깃발은 강화도에서 약탈한 수자기(帥字旗)이다.

미군 함대의 맹렬한 포격에 견디지 못하고 전투 한번 해보지 못한 채 모두 도주하고 말았다. 이미 무인지경이나 다름이 없는 덕진진마저 함락한 미군 상륙 부대의 다음 공격목표는 북쪽으로 약 3.2킬로미터 지점에 위치한 광성보였다.

광성보는 강화도에서 가장 요새화가 잘된 성채이자 가장 중요한 요새였다. 이곳에는 원래 별장別將 휘하에 군관軍官 및 병兵 29명, 봉군烽軍 18명이 배치되어 있었다.[9] 하지만 당시 광성보에는 현지 사령관인 어재연이 중앙군을 비롯한 약 1,000명을 거느리고 미군의 공격에 대비하고 있었다. 여기에는 병인양요 이후 포군 설치 때 입대한 호랑이 사냥꾼 출신 수백 명도 포함되어 있었다. 이처럼 수적으로는 조선군이 우세했다. 하지만 대부분 실전 경험이 없는 군인들이었고, 무기 역시 낙후했다. 대포는 구식이었으며, 소총으로는 화승총만 있을 뿐이었다. 반면, 광성보 전투에 참가한 미군 가운데 고참들은 남북전쟁 때 참전한 경험이 있는 백전노장이었다. 개인 화기도 사격 후 바로 장전하여 쏠 수 있는 레밍턴Remington 소총 등으로 무장하고 있었다. 더구나 함포를 탐재한 증기 동력선도 보유하고 있었다.

함포 사격의 지원을 받아 별다른 타격을 입지 않은 채 초지진과 덕진진을 점령했던 미군 상륙 부대였지만, 광성보에서는 상황이 달랐다. 광성보에 대한 미군의 공격 전술은 초지진 및 덕진진 점령 때와 마찬가지였다. 4월 24일 정오 무렵 미군의 해상 지원 부대는 광성보 일대에 함포 사격을 시작했다. 이를 신호로 상륙 부대의 포병대도 곡사포를 동원하여 광성보의 조선군 진지에 집중 포격을 가했다. 광성보의 조선군 주둔군은 수륙 양면에서 미군의 집중포화를 받았지만, 초지진 및 덕진진의 수비대와는 전혀 달랐다. 당시 주력 부대인 육전보병대를 이끌고 참전했던 슐리W. S. Schley 해군 소령은 신미양요 때 최후의 전장이 된 광성보 전투에서 보여준 조선 수비대의 결사 항전을 실감나게 회고했다.

광성보를 함락하려는 미군의 작전은 힘겨웠다. 이곳은 강화의 여러 진 가운데 가장 요충지여서 조선 수비병은 결사적으로 싸웠다. 더군다나 이 성 안에는 범(호랑이) 사냥꾼이 있었는데, 만약 이들이 적이 두려워서 도망간다면 조선 백성들에게 죽음을 당하기 때문이다. …… 미군은 각면보角面堡* 변으로 고함을 질러대며 돌진했다. 탄우彈雨가 미군 머리 위로 쏟아졌으나, 미군은 재빨리 성벽 위로 기어 올라갔다. 조선군은 탄환을 갈아 넣을 시간 여유가 없었다. 그들은 흉장胸牆**으로 기어 올라와서 돌을 던져 미군의 진격을 저지하려 했다. 그들은 창과 검으로 공격했다. 그러나 대부분 무기도 없이 맨주먹으로 싸웠는데, 모래를 뿌려 미국 침략군의 눈을

---

* 여러 방면에서 오는 적을 막거나 공격하는 데 적합하게 다각형으로 각이 지게 만든 보루.
** 성곽이나 포대(砲臺) 따위의 중요한 곳에 따로 쌓는 담으로, 사람의 가슴 높이만 한 담.

멀게 하려 했다. 그들은 끝까지 항전하였고, 수십 명은 탄환에 맞아 강물 속으로 뒹굴었다. 부상자의 대부분은 해협으로 빠져 익사했다. 어떤 자는 목을 찔러 자살하거나, 스스로 강물에 뛰어들었다.[10]

쌍충비각雙忠碑閣, 강화군 불은면 덕성리 소재에는 광성보 전투 때의 조선군 전사자는 어재연을 포함해서 총 59명으로 기록되어 있다. 한편, 미국 측은 전투가 끝났을 때 광성보 전역에 널려 있던 시체가 253구, 해협에 떨어져 죽은 자 100여 명을 포함해 총 350명이 사망한 것으로 집계했다.

슐리는 "이들이 적이 두려워서 도망간다면 조선 백성들에게 죽음을 당하기 때문이다."라며, 조선의 호랑이 사냥꾼들이 집중 포화 속에서 제 위치를 고수한 채 미군에 맞서 싸운 옥쇄작전은 사후 처벌을 두려워했기 때문이라고 주장했다. 당시 해병대를 지휘한 틸턴 해병대위가 아내에게 보낸 편지에도 다음과 같은 대목이 있다. "조선 수비병들은 호랑이처럼 용감하게 싸웠는데, 이는 강화도의 모든 요새를 수비하고 있는 조선 장병은 자기 진지가 실함失陷되면 누구를 막론하고 참수된다는 말을 조선 국왕으로부터 들었기 때문이다."[11] 이런 편지 내용으로 보아 이러한 소문이 미군들 사이에는 널리 퍼져 있었던 듯하다. 이들의 주장처럼, 조선군은 사후 처벌을 두려워해 결사적으로 싸웠던 것일까? 아니면 이러한 주장은 편견에 의해 나온 것일까?

/ 사냥꾼 부대에 경의를 표한 미군

위에서 언급한 틸턴 대위가 해군성 장관에게 제출한 보고서는 아내에게 보낸 편지와는 또 다른 시각에서, 호랑이 사냥꾼을 비롯한 조선군의 전투 행위를 비교적 담담하게 기술해두었다.

> 우리는 수초 동안 실로 짜증날 정도로 괴로운 집중 포화를 받았던 것이다. …… 이제 수륙 양면으로부터 갑자기 포격이 개시되었는데, 우리 장병이 공격 자세를 정비하자 성채에 대한 포격은 열도熱度를 더해갔다. …… 그동안 조선 진지로부터 '침울한 노랫소리'가 들려왔다. 그들의 임전 태세는 대단히 용감한 것처럼 보였고, 조선 수비병은 아무런 두려움 없이 흉장 위로 상체를 노출시킨 채 항전하고 있었다. 미군 소부대는 가파른 협곡을 내려가면서 광성보로 일보일보 접근해 들어갔다.[12]

당시 이런 정황을 비교적 자세하게 증언해준 인물이 바로 그리피스다. 1871년 당시 일본에 체류하고 있던 그는 신미양요의 사태 추이를 예의 주시하고 있었다. 그는 자신의 책 《은자의 나라 한국》에서 광성보 전투 때 호랑이 사냥꾼의 영웅적인 행위를 실감나게 묘사하고 있다.

　　그 요새(광성보)는 모든 다른 요새의 관문과 같은 곳이기 때문에 성 안의 조선 군사들은 자기의 위치를 사수해야만 했다. 그 요새에는 호랑이 사냥꾼들이 지키고 있었다. …… 모든 준비가 끝나자 미군은 장교들이 앞장을 선 채, 소리치며 각면보를 기어올랐다. 미군의 머리를 향해 총알이 비 오듯 쏟아졌지만 미군들이 너무도 신속히 성벽을 향해 진격했기 때문에 수비대는 자신의 총에 화약을 밀어넣고 장탄할 겨를이 없었다. 그들의 화약은 너무도 천천히 타들어갔기 때문에 날쌘 양키들을 맞출 수가 없었다. 낙심한 호랑이 사냥꾼들은 무엇보다도 흉내낼 수 없는 으스스한 음률로써 전송가戰送歌를 불렀다. 그들은 난간에 올라서서 용맹스럽게 싸웠다. 그들은 미군에게 돌멩이를 던졌다. 그들은 창과 칼로써 미군을 대적했다. 손에 무기가 없는 그들은 흙가루를 집어 침략자에게 던져 앞을 보지 못하게 했다.[13]

　　이처럼 조선군은 광성보 전투에서 미군에게 처절한 패배를 당했다. 그것은 호랑이 사냥꾼들로 구성된 조선군이 1차 발사한 후 다시 장전하여 발사하는 데 오래 걸리는 낡은 화승총으로 무장했기 때문이다. 비록 호랑이 사냥꾼들은 재발사할 기회를 놓쳐버렸지만 보루 위로 진입한 미군에 육탄전으로 맞설 정도로 조국 방위라는 군인의 임무를 그야말로 영웅적으로 수행했다.

그래서 광성보 전투에 직접 참여했던 슐리 소령은 "조선군은 그들의 진지를 사수하기 위하여 용감하게 싸우다가 모두 전사했다. 아마도 우리는 가족과 국가를 위하여 그토록 장렬하게 싸우다가 죽은 국민을 다시는 찾아볼 수 없을 것이다."[14]라며, 호랑이 사냥꾼들의 영웅적인 행위를 극찬했다.

한편, 호랑이 사냥꾼들이 광성보 전투에서 힘을 발휘하지 못한 이유는 낡은 화승총 때문뿐만 아니라, 지휘관의 오판 때문에 제때 사격을 못한 탓도 크다. 그러지만 않았다면 그리피스는 최후의 결전이 벌어진 광성보에서 미군이 바로 병인양요 때 맹위를 떨친 적이 있던 호랑이 사냥꾼을 비롯한 조선군 수비대에 의해 전멸당할 가능성도 있었다고 적고 있다. "이 가파른 언덕길을 향해 미군들은 수비대의 총구를 정면으로 바라보면서 쳐들어가려 했다. 흰 전포를 입은 조선의 군사들은 하향조준으로 장탄만 할 수 있다면 푸른 제복의 미군을 박멸할 것임이 틀림없다. …… 전에 있었던 경우와 마찬가지로 조선 사람들의 지체성, 즉 매사를 한발 늦는 그들의 민족성으로 인해 미군은 생명을 건졌고, 조선 군사들은 기회를 잃었다."[15]

"전에 있었던 경우와 마찬가지로"라는 구절은 손돌목 포격사건 때의 상황을 가리키는 것이다. 그리피스는 이때도 사건 당시

미군이 위험에 처한 절박한 상황, 조선군 지휘관의 어처구니없는
실수 등에 대해서 생동감 있게 묘사했다.

  강폭은 300피트가 넘지 않았다. …… 잠시 동안 불길한 적막이
짓눌렀다. 수병들의 심장은 거칠게 고동쳤으며, 이빨은 꽉 물려 있
었다. 죽음을 앞둔 조용한 도전이 기다리고 있었다. …… 함대가
요새 앞에 일렬로 널려 있었다. 그러나 조선의 지휘관은 한발 늦게
공격을 개시했다. 거대한 깃발 아래의 난간 밑에서 신호포가 발사
되었다. 순식간에 거적과 휘장이 80문의 포에서 발사된 총탄이 배
주위에 비 오듯 쏟아졌다. 요새와 포대와 장벽이 잠시 동안 포연
속에 가려졌다. 배 속의 많은 사람들은 튀어오른 물방울로 흠씬
젖었다. 그토록 많은 탄환과 포연이 집중되는 것은 남북전쟁의 고
참들도 일찍이 본 적이 없었다. 남북전쟁 당시 자기가 이끌던 2척
의 배가 남부군으로부터 포격을 당한 일이 있는 그 늙은 블레이크
도 이때보다 더 날카로운 사격을 가한 적을 기억할 수 없노라고 말
했다.[16]

조선군은 사전 준비 차원에서 한강을 탐사하던 미군 함대를
격파할 수 있었는데도, 포격 명령을 제때 못 내린 지휘관의 무능
으로 실패하였다는 것이다. 당시 미군 탐사대를 이끈 인물은 남
북전쟁 때 해군 지휘관으로 참전했던 블레이크 중령이었다. 그

역시 조선군의 집중 포격은 일찍이 경험하지 못한 공격이라고 회고했다. 그만큼 조선군의 지휘관이 제 역할만 했어도 미군 탐사대를 전멸시킬 수 있었다는 것이다.

《은자의 나라 한국》을 집필하기 전, 그리피스는 신미양요 때 참전한 블레이크를 비롯한 미군들을 만난 적이 있었다. 이 과정에서 호랑이 사냥꾼의 영웅담도 들었던 것으로 보인다. "그들은 난간에 올라서서 용맹스럽게 싸웠다" 등의 표현으로 보아, 그리피스는 호랑이 사냥꾼의 용맹함에 깊은 감명을 받았음이 분명하다. 나아가 그리피스는 신미양요 때 보여준 호랑이 사냥꾼을 비롯한 조선군의 용기를 알고 있는 미국인들 역시 죽음마저 불사한 그들의 행위에 대해 찬사를 보내고 있다고 덧붙였다.

> 1871년에 미국 함대의 수병들이 광성진 포대를 공격했을 때 함대로부터 포탄 세례를 받고서도 끈덕지게 버티는 검은 얼굴의 적들의 용기에 대해 미국의 수병들은 놀라움을 감추지 못했다. 그들은 화승총과 창과 칼로써 끝까지 함대와 후장총에 맞서 싸웠다. 당시 탄환 값을 톡톡히 한 그 용감한 수비대에 대해 미국 사람들은 찬사를 보내고 있다.[17]

그래서인지 그리피스는 특별히 자신의 책에 미군이 포획한 호랑이 사냥꾼의 깃발을 삽화로 그려넣었다. 이 깃발에 대해서도

"호랑이는 조선에서는 실제적으로뿐만 아니라 관념적으로도 힘과 난폭함의 상징이 되고 있다. 1871년에 '우리와 이교도와의 조그마한 싸움'에서 미국의 수병과 군대들에게 용감히 맞섰던 북부 평안도와 함경도의 호랑이 사냥꾼들이 들고 있던 깃발을 보면 날개가 달린 호랑이가 꼿꼿하게 서서 입으로는 불을 뿜어내면서 앞 발톱에는 타오르는 불꽃이 있다. 이는 그 호랑이가 땅과 공기와 하늘의 모든 힘을 장악하고 있다는 사실을 나타내주는 것이다."[18]라고 설명하고 있다.

광성보 전투에서만 어재연 장군을 비롯하여 350여 명의 조선 장병들이 최후를 맞이했다. 그리고 스스로 목숨조차 끊을 수 없는 중상자 20여 명만이 미군의 포로가 되었다. 반면, 미군은 이 전투에서 3명의 전사자와 10명의 부상자를 내는 가벼운 손실을 입는 데 그쳤다.[19] 이처럼 호랑이 사냥꾼을 포함한 무명의 용사들이 치른 목숨의 대가로, 미군은 통상 조약 체결이라는 원정 목적을 달성하기는커녕 조선의 쇄국정책만 강화시킬 구실만 제공한 채 철수하고 말았다. 미국 원정대가 승리하고도 원정 목적을 전혀 이루지 못한 채 철수한 까닭은 애초 목표를 달성하려면 서울을 공격해야 하는데, 그 길목마다 광성보의 호랑이 사냥꾼들과 같은 부대가 배치되었을 것으로 판단했기 때문으로 보인다. 옥쇄작전을 펼치는 이런 부대와 맞서 싸우기는 미군 지휘부에게 큰 부담으로 작용하여 철수하기로 결심한 듯하다.

《은자의 나라 한국》에 실려 있는, 미군이 포획한 호랑이 사냥꾼의 깃발.

비록 엄청난 인명 피해를 입었지만, 조선 정부는 병인양요의 경우와 마찬가지로 자력으로 미군의 침략을 물리쳤다는 점에서 신미양요를 승리로 인식하였다. 이래서 당시 집권자인 홍선대원군 이하응李昰應은 "양이洋夷가 침범해도 싸우지 아니하면 화친和親하는 것이요, 화친을 주장하는 자는 매국노이다."라는 내용을 새긴 그 유명한 척화비斥和碑를 전국의 주요 고을에 세워 서양세력에 대한 온 신민의 적개심을 고취시키고자 했다. 그 결과, 조선왕조는 스스로 서양 제국과 통상조약을 체결하여 서구 문물을 받아들여 근대화를 이룰 시간을 그만큼 허비하고 말았다.

《고대일록(孤臺日錄)》
《고려사(高麗史)》
《비변사등록(備邊司謄錄)》
《순무영등록(巡撫營謄錄)》
《승정원일기(承政院日記)》
《일성록(日省錄)》
《조선왕조실록(朝鮮王朝實錄)》

성대중(成大中),《청성잡기(靑城雜記)》
신흠(申欽),《상촌집(象村集)》
양헌수(梁憲洙),《병인일기(丙寅日記)》
유몽인(柳夢寅),《어우집(於于集)》
유성룡(柳成龍),《서애선생문집(西厓先生文集)》
이긍익(李肯翊),《연려실기술(燃藜室記述)》
이기(李墍),《송와잡설(松窩雜說)》
이문건(李文楗),《묵재일기(默齋日記)》
이식(李植),《택당집(澤堂集)》
이익(李瀷),《성호사설(星湖僿說)》
정경세(鄭經世),《우복집(愚伏集)》
조익(趙翼),《포저집(浦渚集)》
한효순(韓孝純),《신기비결(神器秘訣)》

문화재관리국,〈강화의 유적개요〉,《강화전사유적보수정화지》, 1978
한국교회사연구소 번역위원회 역주,《리델문서》I (1857~1875년)
한국교회사연구소 역,〈한불관계자료〉,《교회사연구》2, 1979.

Bay Chaille-Long 지음, 유원동 역,《맑은 아침의 땅 조선》, 숙명여자대학교 출판부, 1982
Bishop 1sabella Bird 지음, 이인화 역,《한국과 그 이웃 나라들》, 살림, 1994
F. W. 샌즈 지음, 신복룡 역주,《조선비망록》, 집문당, 1999
W. E. 그리피스 지음, 신복룡 역주,《은자의 나라 한국》, 집문당, 1999
알프레드 에드워드 존 캐번디시 지음, 조행복 옮김,《백두산으로 가는 길·영국군 장교의 백두산 등정기》, 삼림, 2008

강화사편찬위원회,《강화사》, 1976
국방부전사편찬위원회,《병인 · 신미양요사》, 1989
국방부전사편찬위원회,《병자호란사》, 1986
국방부전사편찬위원회,《임진왜란사》, 1987
김동진,《조선전기 포호정책 연구》, 선인, 2009.
김원모,《근대한미교섭사》, 홍성사, 1982.

문숙자,《68년의 나날들, 조선의 일상사》, 너머북스, 2009
박성수,《독립운동사연구》, 창작과 비평사, 1980
유승원,《조선초기 신분제 연구》, 을유문화사, 1987
육군본부,《한국군제사 : 근세조선후기편》, 1977
육군사관학교한국군사연구실,《한국군제사 : 근세조선전기편》, 육군본부, 1987
이수건,《조선시대 지방행정사》, 민음사, 1989
이형석,《임진전란사》상, 임진전쟁사간행위원회, 1974
이희근,《백정》, 책밭, 2013

강재언,〈의병전쟁의 발전〉,《한국사》43, 국사편찬위원회, 2003
김동진,〈조선전기 감무의 시행과 포호정책〉,《조선시대사학보》40, 2007.
김동진,〈조선전기 백정에 대한 제민화 정책의 성과〉,《역사민속학》29, 2009.
김원모,〈로즈 함대의 내침과 양헌수의 항전〉,《동양학》13, 1983.
김원모,〈병인일기의 연구〉,《사학지》17, 1983.
김종원,〈정묘호란〉,《한국사》29, 국사편찬위원회
노영구,〈16-17세기 조총의 도입과 조선의 군사적 변화〉,《한국문화》58, 2012
박석황,〈임진왜란기 한 · 일 양국의 무기체계에 대한 일고찰 -화약병기를 중심으로〉,
《한일관계사연구》6, 1996
손종성,〈강화회담의 결렬과 일본의 재침〉,《한국사》29
송정현,〈왜란의 발발〉,《한국사》29, 국사편찬위원회, 1995
심승구,〈조선시대 사냥의 추이와 특성-강무와 포호를 중심으로-〉,《역사민속학》24,
2007.
안길정,〈16세기 공물 · 요역체제의 운영〉, 성균관대 박사학위논문, 2012
연갑수,〈대원군 집권기 국방정책-지방포군의 증설을 중심으로-〉,《한국문화》20, 1997
연갑수,〈병인양요 이후 수도권 방비의 강화〉,《서울학연구》8, 1997
연갑수,〈병인양요와 흥선대원군정권의 대응〉,《군사》33, 1996
오영섭,〈을미 제천의병의 참여세력 분석〉,《한국독립운동사연구》14, 2000
유세현,〈한국의 쇠뇌 - 그 형태와 제작을 중심으로〉,《학예지》4, 육군사관학교 육군박
물관, 1995
이왕무,〈조선후기 조총제조에 관한 연구〉,《경기사론》12, 1998
이장희,〈병자호란〉,《한국사》29, 국사편찬위원회, 1995
이준구,〈조선시대 백정의 전신 양수척, 재인 · 화척, 달단〉,《조선사연구》9, 2000.

이준구, 〈조선전기 백정의 부방(赴防)과 군역여부에 관한 검토〉, 《인하사학》 10, 2003

이준구, 〈조선전기 백정의 습속과 사회 · 경제적 처지〉, 《조선의 정치와 사회(최승희교수 정년기념논집)》, 2002.

이준구, 〈조선초기 백정의 범죄상과 제민화 시책〉, 《대구사학》 56, 1998.

정현재, 〈경상우도 임진의병의 전적 검토—김면 · 정인홍 의병군단을 중심으로〉, 《경남문화연구》 17, 1995

조계영, 〈조선시대 호환과 국가시책〉, 《사학연구》 91, 2008.

차문섭, 〈속오군 연구〉, 《조선시대 군제연구》, 단대출판부, 1973

차문섭, 〈조선후기 중앙군제의 재편〉, 《한국사론》 9, 1981

한희숙, 〈조선 태종 · 세종대 백정의 생활상과 도적 활동〉, 《한국사학보》 6, 1999.

서문.

1) 《조선비망록》, 148~149쪽. 이 책의 원제는《Undiplomatic memories》로 1930년에 뉴욕에서 출판되었는데, 한국에서는《조선비망록》이라는 제목으로 출판되었다(F. W. 샌즈 지음, 신복룡 역주, 집문당, 1999).

2) 오영섭, 〈을미 제천의병의 참여세력 분석〉,《한국독립운동사연구》14, 2000, 33~34쪽.

3) 박성수,《독립운동사연구》, 창작과 비평사, 1980, 224쪽.

4) 위의 책, 234쪽.

5) 강재언, 〈의병전쟁의 발전〉,《한국사》43, 국사편찬위원회, 2003, 491~492쪽.

6) 엔도 키미오 지음. 이은옥 옮김,《한국 호랑이는 왜 사라졌는가?》, 이담북스, 2009, 315~319쪽 참조.

7) 위의 책, 320~330쪽 참조.

8) 한국교회사연구소 번역위원회 역주,《리델문서》I (1857~1875년), 한국교회사연구소, 1994, 57~58쪽.《리델문서》I은 '조선교구 역대 교구장 서한집 번역위원회'가 구성되어 역대 교구장 서한집을 번역 출간하기로 했는데, 그중 첫 책으로 출판된 것이다.

9) 그리피스는 1869년 미국 럿거스(Rutgers)대학교 이학과(理學科)를 졸업했다. 이 무렵, 그는 메이지 유신과 더불어 서구 과학의 필요성을 절감한 일본 정부의 초청을 받았다. 1870년 방일한 이후 그린피스는 도쿄대학의 전신인 남교(南校)에서 이학, 화학을 가르치기도 했다. 그러는 동안 자연스럽게 일본에 관심을 갖고 연구하기 시작하여 1876년에 출간한《일본제국》을 비롯하여 일본의 역사와 문화에 관한 많은 책을 내놓았다. 이 와중에 한국의 역사를 모르고는 일본을 제대로 이해하는 데 한계가 있다고 깨닫고서 한국사도 연구하였다. 그 성과가 1882년《은자의 나라 한국》으로 출판되었다.

10) 엔도 키미오, 앞의 책, 320~325쪽 참조.

1장

1) 안길정, 〈16세기 공물 · 요역체제의 운영〉, 성균관대학교 박사학위논문, 2012, 73쪽.

2) 유승원,《조선초기 신분제 연구》, 을유문화사, 1987, 181~182쪽.

3) 심승구, 〈포수와 썰매꾼〉,《한국문화사 40 : 사냥으로 본 삶과 문화》, 국사편찬위원회, 2011, 262~267쪽.

4) W. E. 그리피스 지음, 신복룡 역주,《은자의 나라 한국》, 집문당, 1999, 417쪽.

5) Isabella Bird Bishop, Korea and her neighbour, St. James Gazette : London, 1898. 이인화 역,《한국과 그 이웃 나라들》, 살림, 1994, 152~154쪽.

6) Chaille-Long Bay, La Coree ou Tchosen-La terre de calme matinal-, Paris, 1894.

유원동 역, 《맑은 아침의 땅 조선》, 숙명여자대학교 출판부, 1982, 25쪽.

7) 조선시대 호환에 대해서는, 조계영, 〈조선시대 호환과 국가의 대책〉, 《사학연구》 91 2007: 김동진, 《조선전기 포호정책연구》, 선인, 2010, 53~82쪽 참조.

8) 《호정문》은 유몽인(1559~1623년)의 시문집인 《어우집(於于集)》 제5권에 수록되어 있다.

9) 이희근, 〈백정의 조상〉, 《백정》, 책밭, 2013, 70-97쪽.

2장.

1) 강무에 대해서는, 김동진, 〈조선전기 강무의 시행과 포호(捕虎)정책〉, 《조선시대사학보》 40, 2007, 97~103쪽; 심승구, 〈조선시대 사냥의 추이와 특성〉, 《역사민속학》 24, 171~176쪽; 이희근, 《백정》, 책밭, 2013, 153~157쪽 등 참조.

2) 《포저집》 제11권, 차(箚). 《포저집》은 조선 중기의 문신인 조익이 지은 각종 글을 모아 편찬한 문집이다.

3) 쇠뇌에 대해서는, 유세현, 〈한국의 쇠뇌-그 형태와 제작을 중심으로-〉, 《학예지》 4, 육군사관학교 육군박물관, 1995 참조.

4) 《우복집(愚伏集)》 제14권, 잡저(雜著). 정경세의 시문집인 《우복집》은 1657년 원집 20권 10책으로 처음 간행되었다. 그 뒤 1840년 우산서원(愚山書院)에서 중간되었다. 1899년 후손 하묵(夏默)이 원집에 별집 12권 6책을 추가하여 32권 16책으로 간행하였다.

5) 호피 값에 대해서는, 김동진, 앞의 책, 219~225쪽 참조.

6) 안길정, 〈16세기 공물 · 요역제의 운영〉, 성균관대학교 박사학위 논문, 2002, 75쪽.

7) 《성호사설》 제6권, 만물문(萬物門) 설마.

8) 〈썰매〉는 이식의 문집인 《택당집(澤堂集)》 제5권, 시(詩)에 실려 있다.

9) 《선조실록(宣祖實錄)》, 선조 26년 2월 7일.

10) 이수건, 《조선시대 지방행정사》, 민음사, 1989, 93~95쪽.

3장.

1) 이준구, 〈조선전기 백정의 부방(赴防)과 군역여부에 관한 검토〉, 《인하사학》 10, 2003, 332~339쪽.

2) 송정현, 〈왜란의 발발〉, 《한국사》 29, 국사편찬위원회, 1995, 29~30쪽.

3) 륙군사관학교한국군사연구실, 《한국군제사 : 근세조선전기편》, 육군본부, 1987, 275~277쪽, 296~298쪽.

4) 위의 책, 296쪽.

5) 국방부전사편찬위원회, 《임진왜란사》, 1987, 95~104쪽: 정현재, 〈경상우도 임진의병의 전적 검토-김면 · 정인홍 의병군단을 중심으로-〉, 《경남문화연구 17, 1995, 64~77쪽.

6) 《고대일록(孤臺日錄)》 제1권, 임진년(1592년) 7월 11일.

7) 문숙자, 《68년의 나날들, 조선의 일상사》, 너머북스, 2009, 90~101쪽.

8) 이형석, 《임진전란사》 상, 임진전쟁사간행위원회, 1974, 176~177쪽.

9) 《서애선생문집(西厓先生文集)》제5권, 차(箚).

10) 손종성, 〈강화회담의 결렬과 일본의 재침〉, 《한국사》 29. 108~111쪽.

11) 《상촌집(象村集)》 제34권, 노의 대비에 관한 설(備虜說). 신흠의 문집인 《상촌집》은 그가 죽은 지 2년 후인 1630년(인조 8년)에 처음 간행되었다.

4장.

1) 한효순(韓孝純), 《신기비결(神器秘訣)》 선조 36년. 《신기비결》은 1603년에 조선 중기의 문신인 한효순이 편찬한 병서이다.

2) 노영구, 〈16-17세기 조총의 도입과 조선의 군사적 변화〉, 《한국문화》 58, 2012, 114~115쪽 참조.

3) 박석황, 〈임진왜란기 한 · 일 양국의 무기체계에 대한 일고찰 - 화약병기를 중심으로〉, 《한일관계사연구》 6, 1996; 이왕무, 〈조선후기 조총제조에 관한 연구〉, 《경기사론》 12, 1998; 노영구, 위의 논문.

4) 차문섭, 〈조선후기 중앙군제의 재편〉, 《한국사론》 9, 1981, 3~6쪽.

5) 차문섭, 〈속오군 연구〉, 《조선시대 군제연구》, 단국대학교출판부, 1973, 203~204쪽.

6) 《우복집(愚伏集)》 제5권, 소차(疏箚).

7) 《우복집》 제14권, 雜著, 通諭道內士子文.

8) 《청성잡기(青城雜記) 》 제4권, 성언(醒言). 《청성잡기》는 조선 후기의 문인인 성대중이 편찬한 잡록집(雜錄集)이다.

9) 샌즈, 앞의 책, 147쪽.

5장.

1) 차문섭, 앞의 글, 6~7쪽.

2) 김종원, 〈정묘호란〉, 《한국사》 29, 국사편찬위원회, 239~240쪽.

3) 국방부전사편찬위원회, 《병자호란사》, 1986, 98~109쪽.

4) 위의 책, 114쪽.

5) 차문섭, 앞의 글, 6쪽.

6) 국방부전사편찬위원회, 《병자호란사》, 33~36쪽.

7) 이장희, 〈병자호란〉, 《한국사》 29, 국사편찬위원회, 1995, 274~284쪽.

8) 국방부전사편찬위원회, 《병자호란사》, 195~199쪽.

9) 이장희, 앞의 글, 283쪽.

6장.

1) 《비변사등록》, 숙종 25년 11월 12일.

2) 샌즈, 앞의 책, 41~42쪽.

3) 샌즈, 앞의 책, 42쪽.

7장.

1) 〈한불관계자료(1866-1867) - 丙寅洋擾〉, 《교회사연구》 2, 1979, 201~202쪽. 병인양

요에 관한 프랑스의 해군성 및 외무성 문서가 살린 이 자료는 한국교회사연구소에 의해 번역되어 소개되었다.

2) 《교회사 연구》 2, 229~230쪽.

3) 육군본부, 《한국군제사 : 근세조선후기편》, 1977, 260~261쪽.

4) 샌즈, 앞의 책, 147쪽.

5) 《교회사연구》 2, 244쪽.

6) 《리델문서》 I , 118쪽.

7) 《교회사연구》 2, 245~6쪽.

8) 《리델문서》 I , 118쪽.

9) 《리델문서》 I , 120쪽.

10) W. E. 그리피스, 앞의 책, 493~494쪽.

8장.

1) 연갑수, 〈병인양요 이후 수도권 방비의 강화〉, 《서울학연구》 8, 1997, 75쪽.

2) 전국적인 포수 증설에 대해서는 연갑수, 〈대원군 집권기 국방정책-지방포군의 증설을 중심으로〉, 《한국문화》 20, 1997 참조.

3) 위의 글, 273~275쪽.

4) 김원모, 《근대한미교섭사》, 홍성사, 1982, 252~258쪽.

5) 국방부전사편찬위원회, 《병인·신미양요사》, 1989, 211쪽.

6) 김원모, 앞의 책, 279쪽.

7) 이러한 상황 인식하에 강화도 점령계획을 수행하기로 한 로의 판단은 그가 국무장관에게 보낸 편지에 잘 드러나 있다. 이 편지는, 김원모, 위의 책, 288~290쪽에 번역 소개되어 있다.

8) 이 보고서는 해군장관에게 제출한 '조선원정에서의 아시아함대 소속 해병대의 역할에 대한 보고문'으로, 그 작성자가 바로 해병대를 이끌고 참전했던 틸턴 대위이다. 인용한 글은, 김원모, 위의 책에서 재인용한 것이다.

9) 강화사편찬위원회, 《강화사》, 1976, 406쪽.

10) 위의 책, 324쪽에서 재인용.

11) 위의 책, 421쪽에서 재인용.

12) 위의 책, 431쪽에서 재인용.

13) W. E. 그리피스, 앞의 책, 531쪽.

14) 김원모, 앞의 책, 329쪽에서 재인용.

15) 위의 책, 531쪽.

16) 위의 책, 525~526쪽.

17) 위의 책, 418쪽.

18) 위의 책, 411쪽.

19) 국방부전사편찬위원회, 《병인·신미양요사》, 230쪽.

산척, 조선의 사냥꾼

호랑이와 외적으로부터 백성을 구한 잊힌 영웅들

지은이 이희근
초판 1쇄 발행 2016년 1월 30일

펴낸곳 도서출판 따비
펴낸이 박성경
편집 신수진
디자인 박대성

출판등록 2009년 5월 4일 제2010-000256호
주소 서울시 마포구 월드컵로28길 6(성산동, 3층)
전화 02-326-3897 | 팩스 02-337-3897
메일 tabibooks@hotmail.com
인쇄·제본 영신사

ⓒ 이희근, 2016

* 잘못된 책은 바꾸어 드립니다.
* 이 책의 무단 복제와 전재를 금합니다.

ISBN 978-89-98439-23-1 03910

값 13,000원

이 도서의 국립중앙도서관 출판예정도서목록(CIP)은 서지정보유통지원시스템 홈페이지
(http://seoji.nl.go.kr)와 국가자료공동목록시스템(http://www.nl.go.kr/kolisnet)에서
이용하실 수 있습니다.(CIP제어번호: CIP2016000317)

이 책에 실린 도판은 공공저작물 자유이용허락 표시 제도와 저작권 협의를 거쳐 게재하였
습니다. 저작권 협의를 거치지 못한 경우는 확인하는 대로 정식 협의 절차를 밟겠습니다.